Männerwaffen von A bis Z

Wie du vom Frosch zum Traumprinzen wirst

von

Michaela Röder

Impressum

Erstausgabe Februar 2013

Copyright und Titelschutz by Michaela Röder

ISBN: 978-3-848224-85-2

Alle Rechte bei der Autorin.

Nachdruck – auch auszugsweise- nicht gestattet

Herstellung und Verlag:

BoD - Books on Demand, Norderstedt

Inhaltsverzeichnis

Einleitung

Tja, lieber Mann nun bist du dran. Du hast
es so gewollt. Als im Juli 2011 das Buch,
Frauenwaffen von A bis Z auf den Markt
kam, haben mich unzählige Zuschriften von
Männern erreicht. Allesamt schrieben sie,
dass sie es sehr ungerecht finden, dass ich
nur für Frauen schreibe.

Da ich niemanden benachteiligen möchte,
habe ich mich selbstverständlich, für dich,
lieber Mann hingesetzt und ein
Männerwaffenbuch von A bis Z
geschrieben.

Nun hast du einen Leitfaden in der Hand,
wie du garantiert vom Frosch, zum
Traumprinzen wirst.

Ja, du hast richtig gelesen - jeder Frosch
kann ein Traumprinz sein.

Nein, du musst dich nicht verändern, deinen
Charakter oder deine Persönlichkeit
verleugnen. Du solltest nur einfach
versuchen, den Traumprinzen, der

garantiert auch in dir schlummert
auszuleben.

Viele Männer, die mir täglich begegnen,
setzen irgendeine Maske auf. Versuchen
cool zu tun. Protzen, was das Zeug hält und
oft reichen zwei Sätze, nach einem
eigentlich sehr guten ersten Eindruck um
alles zu vermasseln.

Die Dame verdreht genervt die Augen und
sucht schnellstens das Weite.

Die Zeiten sind nun vorbei!

Du erfährst,wie das einfache Weglassen
unangenehmer Verhaltensweisen dazu
führen kann, dass du richtig gut ankommst
in der Damenwelt.

Viel Spaß beim Lesen, viel Erfolg beim
Ausprobieren und genieß doch einfach
deine neue Bewunderung in deinen
bestehenden oder zukünftigen
Beziehungen.

Deine Michaela Röder

P.S.: Ich weiß, dass ein Mann der dieses
Buch liest, kein Blödmann ist. Das darfst du
nicht vergessen auch, wenn ich manche
Dinge sehr detailliert aufgeschrieben habe.
Ach ja, ich verwende wie immer das „Du"
als Ansprache, weil wir hier ja eh über
ziemlich private Dinge „reden".

Was Frauen wollen

Was Frauen wollen ist recht einfach auf den Punkt gebracht.

DAS GESAMTPAKET

Sicher ist es dir zu Ohren gekommen. Frauen wollen einen ehrlichen, gutaussehenden, sanften, erfolgreichen Mann, der sie zum Lachen bringt und nicht andauernd an Sex denkt.

Schauen wir uns das mal im Detail an.

Frauen wollen also einen ehrlichen Mann?

Sicher?

Stellen wir uns also vor, sie fragt dich am ersten Abend, wie es nun mal eine sehr schlechte Angewohnheit mancher Frauen ist:

"Kannst du dir vorstellen, mich irgendwann zu heiraten?"

Natürlich stellen sich dir sofort die Nackenhaare zu Berge und dein

Fluchtinstinkt wird übermächtig stark. Doch du bleibst trotzdem sitzen, weil du inzwischen natürlich sehr zivilisiert, kultiviert und zur Höflichkeit erzogen bist.

Ein Mann soll in diesen Zeiten schließlich ein Frauenversteher sein und offen für alle Themen der Frau.

Lieber Mann, hier habe ich die Gelegenheit dir zu vermitteln, dass ich mit den „Frauenwaffen" den Männern nie etwas Böses wollte. Vielmehr war dies eine einmalige Gelegenheit, unter einem reißerischen Titel, Frauen zu **verbieten**, solche Themen jemals bei einem ersten Date auch nur anzudenken, geschweige denn, anzusprechen.

DAS steht im Frauenwaffenbuch.

Nicht, wie sie einen Mann erniedrigen und fertigmachen sollen.

Frauen sind anders gestrickt als Männer. Frauen denken nicht vor einem ersten Date: „Och mal sehen, ob ich den nett finde und ins Bett bekommen könnte."

Frauen sind genetisch dazu ausgelegt, einen Versorger auszusuchen, der ihr Kinder beschert, lange lebt und somit auch ihre Lebenserhaltung sichert. Natürlich brauchen die meisten, modernen Frauen gar keinen Versorger mehr aber die genetischen Anlagen sorgen für die Hormonausschüttung und die entscheidet nun mal über sein oder nicht sein, des Kandidaten.

Eine Frau hat alles bereits durchgecheckt. Sie sitzt vor dem ersten Date zuhause und probiert ihren Vornamen mit deinem Nachnamen auf einem weißen Blatt Papier, schließlich muss alles von vorne bis hinten passen.

Es gibt viele Ausschlusskriterien und sie hat sie alle schon hundertmal durchgespielt, ehe sie dir ein JA zum Date gegeben hat. Die Frage, ob du sie eventuell mal heiraten würdest, dient lediglich der Eingrenzung möglicher Kandidaten. Diese Frage bedeutet leider keineswegs, dass sie es auch wirklich will.

Diese Frage bedeutet: Nach allem was ich bis jetzt gecheckt habe, könntest du eventuell, wenn du keinen großen Fehler machst, infrage kommen. Viele Männer verwechseln das leider, verfallen sofort in den fatalen Zustand der gefühlten Sicherheit und schränken ihre Bemühungen auf ein Minimum ein. Ein fataler Fehler.

Kommen wir zurück zum Anfang:

Glaubst du also, sie möchte von dir die Wahrheit hören?

Glaubst du es wäre sinnvoll, wenn du sagst: „Bist du völlig übergeschnappt? Ich weiß noch nicht mal, ob du mich sexuell irgendwie ansprichst, glaubst du ich habe Bock mich festzulegen? NEIN. Ich denke nicht an Hochzeit."

Du verstehst, was ich meine?

Dann ist die Sache gelaufen, und zwar so was von. Die Antwort lautet also: „Ja, ich glaube, das könnte ich, vielleicht, irgendwann."

Das ist kein Versprechen. Sie wird Ruhe geben. Ihre Hormonuhr wird melden: „Alles ist gut. Dein Check hat sich gelohnt, nun kannst du in aller Ruhe herausfinden, wer er wirklich ist."

Verstehst du, was ich sagen möchte? In diesem Moment möchte eine Frau keinen ehrlichen Mann.

Ebensolche friedenstiftende Ehrlichkeiten sind angebracht in folgenden Situationen:

Umkleidekabinen

Eine Umkleidekabine ist für einen Mann, auch nach dem Frauenwaffenbuch ein wahres Mienenfeld der möglichen Fettnäpfchen. Hüte dich davor, zu viel zu sagen oder womöglich die Wahrheit. In diesem Fall ist Wahrheit eine Illusion. Eine Frau ist in den seltensten Fällen blind und in noch selteneren Fällen, weiß sie nicht, was ihr steht oder wie sie in dem, viel zu engen Kleid, aussieht.

Die Frage, die sie dir stellt, dient nicht etwa der Informationsfindung. Nein, nein, es ist

ein erneuter Check-up. Eine dankbare
Gelegenheit herauszufinden, was du
wirklich über sie denkst.

Wenn sie also aus der Umkleidekabine
kommt, sagst du Dinge wie:

„Wow, auch toll." Wenn es ein wirklich
superhässliches Kleid ist, ihr gar nicht steht
oder schrecklich sitzt (sie hat es bereits
selbst gesehen), sage: „Dieser Schneider,
hat einfach keinen Sinn für gute Schnitte."

Spar dir bloß Worte wie: Kurven, schlecht
sitzend oder das **NO-GO**: zu eng!

Bewege dich mit größtmöglicher Vorsicht
auf diesem Parkett, denn ich sagte dir
bereits: Es ist ein getarntes Mienenfeld!

**Wenn du einer anderen Frau
hinterhergesehen hast**

Dass du hinterher siehst, ist normal. Deine
Genetik.

Im Frauenwaffenbuch empfehle ich den
Damen, dies zu ignorieren, da du nun

wirklich sehr eingeschränkt wärest in
deinem Mannsein, wenn dies ausbliebe.

Dumm nur, wenn sie dich dabei erwischt.

Noch dümmer, wenn du sie darauf mit der
Nase stößt, indem du irgendwelche Pfiffe
oder Laute ausstößt. Das ist blanke
Dummheit und zudem sehr unhöflich und
hat zumeist einen Abtritt deiner
Angebeteten zur Folge und da muss ich
sagen: zu Recht. Das sollte sich keine Frau
bieten lassen.

Ich war einmal mit einem wirklich tollen
Mann unterwegs, der allerdings in der
Öffentlichkeit nicht zu gebrauchen war. Es
kamen so Sätze wie:

„Wow tolle Brüste." Damit meinte er nicht
meine Brüste, was die Angelegenheit noch
verschlimmerte.

Nicht zu fassen, so ein Blödmann, und als
ich dann noch sagte, dass ich es nicht grade
amüsant oder galant fände, dies zu hören,
sagte er zu allem Überfluss auch noch:

„Ihr wollt doch immer die Wahrheit hören.
Sie hat nun mal einen super Vorbau.“

Auch diese Art der Ehrlichkeit ist dermaßen,
fehl am Platze. Also wenn schon schauen,
dann heimlich und verstohlen und wenn sie
es mitbekommt, dann so tun, als wenn es
eine unbewusste Reaktion war oder gleich
entschuldigen.

Besser, als sich den Tag zu versauen.

Frauen und ihre Fragen. Hier kommen noch
einige Beispiele, von Fragen, die nach
friedenstiftenden Wahrheiten verlangen.

„Kann deine Mutter besser kochen als ich?"

Sie wird dich fragen. Frauen haben die, auch für sich selbst, unangenehme Angewohnheit, diese Art von Fragen zu stellen, deren ehrliche Antwort sie selten gut vertragen können.

Was also ist zu tun? Sollst du nun sagen, dass deine Mutter eine miserable Köchin ist? Das würde doch kein Mann tun. Du bist mit Mutters Essen groß geworden. Selbst wenn deine Mutter wirklich nicht gut kochen kann, würdest du doch wohl kaum darüber herziehen wollen.

Ok, es gibt Ausnahmen. Manche Männer wurden mit Miracoli großgezogen, da dürfte die Antwort leicht fallen.

In den meisten Fällen lieben Männer aber das Essen ihrer Mutter. Am besten, du sagst etwas Unverfängliches wie:

„Meine Mutter kocht da eher gutbürgerlich und du, eher gehobene Küche." Das ist kein

Ja, das ist kein Nein und es hört sich gut an. Gebongt.

„Sieht deine Exfreundin besser aus als ich?"

Achtung. Hier wird es sehr gefährlich. Dies ist einer der Fragen, die du niemals mit: „Ja" beantworten solltest.

Selbst, wenn deine Ex-Freundin Heidi Klum heißt und deine neue Freundin eine Durchschnittsschönheit ist, sage:

„Nein, du bist die schönste Frau, die ich je getroffen habe".

Sonst bist du deine Beziehung sehr bald los. Wenn alles gut gelaufen ist, bist du verliebt, wenn du verliebt bist, ist deine Freundin eh die allerschönste Frau der Welt. Das hat die Natur so eingerichtet.

Also stellt sich die Frage für dich gar nicht. Vielleicht bekommst du diese Frage aber gemeinerweise von einer Frau gestellt, in die du noch nicht verliebt bist, die dich aber sehr interessiert.

Sage: „Nein", falls du noch vorhast, sie
weiter zu treffen.

Meine Schwester war einmal mit einem
Mann aus, der ihr beim zweiten Date sagte,
dass er sie eigentlich nicht so schön fände
und eher auf den Heidi Klum Typ stände.
Dabei war er nicht etwa der Typus Brad Pitt,
sondern vielmehr Statur Ottfried Fischer.

Was glaubst du, was passierte? Nein, sie
knallte ihm nicht das Geld fürs Essen auf
den Tisch und entschwand auf
Nimmerwiedersehen, wie ich es ihr
empfohlen hätte. Sie heiratete diesen
Trottel auch noch.

Diese Verletzung vom zweiten Date hatte
aber solch tiefe Spuren hinterlassen, das die
Ehe nur ganze sieben Monate hielt. Ihr seht,
es ist unglaublich wichtig, diese Frage mit
NEIN zu beantworten.

„War deine Exfreundin besser im Bett als ich?"

Ihr glaubt, ich übertreibe und Frauen würden solche Fragen gar nicht stellen? Vielleicht hattest du bisher Glück und bist nur auf ausgesprochen kluge Frauen oder Frauen die mein Frauenwaffenbuch gelesen haben gestoßen. Denn natürlich ist jede Frau geneigt, diese unangenehme Frage zu stellen. Was soll ein Mann auf so eine Frage antworten? Klar hat dir der Sex mit deiner Ex auch Spaß gemacht. Trotzdem sag einfach:

„Es ist das Schönste auf der Welt mit dir Sex zu haben."

Du hast nicht gelogen (hoffe ich) und sie wird dir glücklich in die Arme sinken. Nicht auszudenken, was für ein Theater du zu erwarten hast, wenn sie auch den Hauch des Gefühls bekäme, deine Ex könnte reizvoller oder offener im Bett gewesen sein.

Ach ja, unterlasse es unter allen Umständen, raffiniert sein zu wollen. Das liegt euch Männern nicht und es funktioniert auch nicht. Eines Tages kam ein Mann in meine Beratung und hatte genau das Problem, diese Frage gestellt bekommen zu haben. Anstatt vorzugehen wie jemand, der sich auf einem Mienenfeld bewegt, sah er seine Chance gekommen, seine neue Freundin zu sexuellen Höchstleitungen zu motivieren und ihr neue Praktiken schmackhaft zu machen. Er sagte also:

"Besser kann man nicht sagen, sie machte nur XXX und das mit Leidenschaft, und zwar bis zum Ende."

Er erwartete, dass sie sich nun mächtig ins Zeug legen würde, um mithalten zu können, stattdessen war er 30 Sekunden später Single.

Zu Recht! Wie blöde kann man(n) denn sein? Spar dir solch vermeintlich raffinierte und ausgeklügelte Wettbewerbsstrategien unbedingt. Das funktioniert nur bei Frauen,

die dir am Ende eh nur den letzten Nerv
rauben würden.

**„Habe ich, die schönsten Brüste, die du
jemals gesehen hast?"**

Natürlich gibt es auch hier nur die eine
friedenerhaltende, ehrliche Antwort: „Ja."

Ich glaube, Männer machen sich in diese
Richtung keine oder nur wenig Gedanken.

Bitte schreibt mir, wenn es anders ist. Klar
finden die meisten Männer wahrscheinlich
große Brüste ganz toll.

Doch es gibt spitze, kleine, große, runde,
pralle und weiche Brüste. Womöglich
hattest du schon mehrere Freundinnen und
alle hatten einen recht unterschiedlichen
Busen und ich wette, die Meisten haben dir
gefallen. Ich glaube, dass es auch sein kann,
dass die Brüste deiner derzeitigen Partnerin
nicht grade das Beste an ihr sind, aber
trotzdem gibt es hier keine
Auswahlantwort. Sie hat die schönsten
Brüste. **PUNKT.**

„Muss ich abnehmen?"

Wieder Achtung! Eine Frau stellt dir diese Frage nicht, weil sie deine fachlich kompetente Meinung hören will.

Sie will schlicht wissen, ob du sie fett findest.

Sie selbst weiß genauestens um ihr Gewicht und ihre Problemzonen. Sie weiß sogar von Problemzonen, von denen du gar nichts ahntest. Also bitte spar dir Sätze wie:

„Naja 5 Kilo könnten noch runter."

Das wird sie vielleicht im ersten Moment ignorieren, doch sie wird es im Hinterkopf behalten, bis sie irgendwann einen Mann trifft, der so etwas nicht zu ihr gesagt hat. Denn sind wir doch mal ehrlich, die fünf Kilo machen gar nichts aus. Es sei denn, du bist einer von den Hirnis, die eine Frau brauchen, um ihr Ego aufzuwerten.

Die Sorte Männer, die einen Beistelltisch brauchen und keine Frau zum Liebhaben gehen bitte ins Möbelhaus.

Willst du eine Frau an deiner Seite, dann liebe ihre 5 Kilo mehr.

Ich war viele Jahre Single und lernte einen sehr interessanten Mann kennen. Ich hatte durch Medikamenteneinnahme zuvor 15 Kilo zugenommen und danach 25, wieder ab. Ich war so klapprig, dass mich Leute auf der Straße ansprachen, ob ich denn noch sehr krank wäre.

Mir selbst gefiel es nicht mehr und passte auch nicht zu meinem Wesen. Ich traf mich also mit ihm, hielt meine vier Dates ein und irgendwann wurde es kuschelig. Ich hatte schon Bedenken, dass er mich zu knochig finden könnte. Ich stelle aber natürlich keine Fragen, schließlich weiß ich, was frau besser nicht fragt. Doch er brauchte gar keine Frage. Er sagte ganz ungefragt:

„Du bist ja eigentlich schön schlank aber du hast einen richtig fetten Arsch."

Danke, das war es dann. So schnell hatte noch keiner meine Wohnung verlassen. Anziehen? Ja gerne, im Hausflur. Mein derzeitiger Mann liebt diese, nennen wir es mal figürliche Ausprägung, besonders an mir und deshalb ist er auch da, wo der andere, monatelang, gerne wieder hingekommen wäre.

Bitte, so nicht!!!

„Liebst du mich?"

Ok, sie will es immer und ständig hören. Ich kann mir den Mund fusselig reden und die Finger wund schreiben.

Ich kann predigen, dass ein Mann seine Liebe durch Taten zeigt und eine Liebesklärung meist einmal macht und dann annimmt, dass diese gilt, bis er sie widerruft.

Frauen wollen es ständig wissen und fordern diese magischen drei Worte ständig und immer wieder ein. Was ist zu tun? Auch wenn dich diese Frage vielleicht nervt, sag ihr, dass du sie liebst, wenn du sie liebst.

Sag es nicht, wenn du nur mit ihr ins Bett willst oder du dir nicht sicher bist. Erklär

nicht stundenlang, wie es haargenau in dir
aussieht. Eine Frau verwirrt das nur. Sie
möchte in dem Moment keine Zusagen für
ein Leben lang. Sie möchte nur noch mal
abchecken, wie du grundsätzlich zu ihr
stehst. Ob sie sich Sorgen machen muss. Ob
Konkurrenz oder so lauert. Wenn du sie
liebst, dann sagt es ihr und sei großzügig mit
deinen Worten.

Ich weiß, es ist nicht wirklich in deiner Natur
aber lieber einmal zu viel, als einmal zu
wenig.

Wenn eine Frau sagt, dass sie einen
ehrlichen Mann möchte, meint sie damit:
grundsätzlich ehrlich. Nicht immer und
ohne Ausnahme. Sie meint, dass du
vertrauenswürdig sein sollst, dass du
Prinzipien und Wertvorstellung haben sollst.

Sie möchte darauf vertrauen können, dass
du anstatt Überstunden zu machen, nicht
im Rotlichtmilieu herumschwirrst, während
sie zuhause die Kinder hütet. Das ist die
Ehrlichkeit die Frauen, meinen.

Frauen wollen einen gutaussehenden Mann?

Jeder möchte einen gutaussehenden Partner, aber es gilt: Gefallen macht schön. Jeder hat eine andere Vorstellung davon, was schön ist und wer gutaussehend ist. Klar gibt es diese Art glattgebügelte Prototypen, die oft Anklang finden, bei Männern, wie bei Frauen.

Viele Frauen stehen auf Brad Pitt und viele Männer auf schlanke Blondinen mit großen Brüsten. Dies hat was mit unserer sozialen Prägung zu tun. Das heißt, wir stehen zwar manchmal auf den glattgebügelten Prototyp. Er ist nett anzusehen aber die gute Nachricht: Heiraten werden wir Menschen, die uns eher der genetischen Prägung nach gefallen.

Auch von Bedeutung sind: unser eigener Status und unsere emotionale, körperliche sowie psychische Beschaffenheit. Ich weiß, es klingt kompliziert, ist es aber nicht. Es gibt dir als Mann, der sich vielleicht nicht unbedingt als schön, gutaussehend oder

sportlich empfindet eine Menge
Information.

Genetische Prägung bedeutet: Eine Frau
sucht sich je nach Alter: (unbewusst) einen
Mann aus, der ihren Bedürfnissen
entspricht.

Eine junge Frau ohne Kinder wird sich
(unbewusst) einen Partner wählen, der
potent wirkt. Dies kann durch verschiedene
Merkmale symbolisiert sein. Zum Beispiel
ein sportlicher Typ signalisiert Vitalität. Alle
Merkmale, die auch auf Vitalität und
Gesundheit und Zeugungsfähigkeit
hindeuten, zum Beispiel: Volles Haar und
gesunde Zähne vermitteln einen guten
Eindruck. Ein junger Mann ohne Kinder wird
sich ebenfalls eine Frau suchen, die gesund
und gebärfähig wirkt und man glaubt es
kaum, hier sind Frauen mit einladenden
Hüften und breitem Becken gefragt.

Im mittleren Alter haben Frauen ja schon
meist eine Scheidung oder zumindest eine
feste Bindung hinter sich. Sie haben bereits
Kinder oder mit dem Kinderwunsch

abgeschlossen. In dieser Phase des Lebens werden sie Ausschau halten nach einem Mann, mit dem sie das Leben genießen können.

Mit dem sie eventuell reisen können und viel ausgehen können. Abgesehen von den inneren Werten ist hier wahrscheinlich, gute Kleidung und ein sehr gepflegtes Äußeres von Nöten.

Eine Frau im reifen Alter wird sich (unbewusst) einen Mann suchen, der aktiv ist und auch wieder Vitalität und so ein langes Leben verspricht. Sie wird einen Partner brauchen, der ebenfalls mit ihr das Leben genießt und sich aber gerne familiär einbringt. Stichwort Enkelkinder, etc. Sie braucht hier einen Mann, der solide wirkt. Selbst, wenn sie nie Kinder hatte, wird sie nach dem Mann streben, der noch lange mit ihr durch das ruhiger gewordene Leben geht. In dieser Phase ist es nicht hilfreich, sonnenbankgebräunt und mit Goldkettchen behangen auf jugendlichen Lover zu machen. Das mag bei jüngeren Frauen ziehen, aber nur, wenn sie auf Geld aus sind, dass du als Mann dann aber auch haben solltest. Sonst ist der Spaß ganz schnell vorbei. Manchmal greifen reifere Frauen gerne auf jüngere Männer zurück. Dies ist ein neumodisches Gesellschaftsphänomen.

Das mag Spaß machen, für den Moment und sie eine Weile jung halten, doch langfristig wird sie trotzdem nach einem gesetzten Mann streben. Also keine Angst, in jedem Alter ist alles möglich.

Was in puncto Aussehen, nie ankommt, ist: Ungepflegtes Äußeres, schlechte Kleidung, Marke Jogginganzug. Wichtig ist auch, sich dem Alter entsprechend zu kleiden und auszustaffieren. Ein zwanzigjähriger sollte nicht auf Hemd und Pullunder zurückgreifen, ein sechzigjähriger Mann darf durchaus graues Haar haben, sollte jedoch die Baggy im Schrank lassen.

Frauen wollen einen sanften Mann?

Ist das so?

Also ich wage zu behaupten, dass sanfte Männer ganz süß und nett sind, meist aber leider untergehen. Was ich meine sind nicht Männer, die vom ganzen Wesen her, eher sensibel und sanfter eingestellt sind.

Die werden ihr Gegenstück einfach finden. Darum geht es hier nicht.

Es geht um dieses erzwungene Frauenversteher Ding. Diese antrainierte femininere Männlichkeit. Eine Horrorvorstellung!!!

KEINE Frau will so was. Selbst wenn sie jemals dachte, sie will es – will sie es nicht.

Eine Frau will einen richtigen Mann. Der darf je nach Geschmack sanfter oder kerniger sein aber sie will unbedingt einen Mann.

Es geht auch nicht drum, ob er Tages- oder Nachtcreme benutzt. Es geht ums Mannsein.

Wann ist ein Mann denn eigentlich ein Mann?

Die Zeitschrift Laura hat dazu eine Befragung bei Frauen durchgeführt. Demnach sind rasierte „Lackäffchen" Marke David Beckham tatsächlich schnell wieder aus der Mode gekommen. Prädikat: unmännlich.

Es scheint, als hätte diese Art Mann einen kurzen Reiz, des Neuen und Unbekannten auf die Damenwelt ausgeübt bis klar wurde, dass echte Männlichkeit mehr zählt, als gepuderte Näschen.

Von 1000 Befragten gaben 286 Frauen an, dass ein Mann keinesfalls beim Rückwärtseinparken versagen darf. Ich glaube, dass es grundsätzlich männlich ist, wenn ein Mann gut mit Maschinen aller Art umgehen kann, auch dem Staubsauger. Je größer die Maschine desto männlicher das Ansehen.

22 Prozent der Frauen gaben an, dass in ihrem Bett kein Platz für Weicheier ist. Außerdem wollen Frauen in den meisten Fällen richtig rangenommen werden und nur ab und wann auf die Variante Kuschelsex zurückgreifen. (Sagt die „Laura“. Frag vorsichtshalber bei der jeweiligen Dame noch mal nach.)

Auf die Mädchenliste kommst du, wenn es nach 13 Prozent der Befragten Frauen geht, wenn du Angst vor Spinnen und ähnlichem Getier hast. Frauen ist dieser Ekel angeboren, damit sie sich und ihr ungeborenes und bereits geborenes Leben in Sicherheit bringen können, wenn Giftschlangen und Spinnen auftauchen. Sie bekommen einen Hormonmix in die Blutbahn gejagt, der sie zur Flucht bewegt.

Ein Mann dagegen ist genetisch dazu ausgelegt, anzugreifen und das Getier zu erledigen. Wie glaubst du also, kommt es an, wenn du auf einmal kreischend auf einem Stuhl stehst und sie bittest, die Spinne wegzumachen?

Nun glaubst du vielleicht, ich oder die Zeitschrift übertreiben und solche Männer gibt es gar nicht? Weit gefehlt!

Ich habe viel gehört, gesehen und erlebt in meinem Erwachsenenleben. Es gibt so einiges in der Männerwelt, was man nicht für möglich gehalten hätte und wo manch ein Artgenosse, sich beginnen würde zu schämen.

Dass Männer im Haushalt helfen und auf die Kinder aufpassen und dann auch gerne Windeln wechseln empfinden Frauen allerdings nicht als unmännlich, sondern als Kompetenz in Familienfragen.

An der Stelle also bitte nicht rausreden aber vielleicht absprechen, welche Aufgaben euch gegen den Strich gehen. Aufgaben, die ihr wirklich gar nichts übers Herz bringen könnt, müsst ihr ansprechen.

Ich schreibe dazu im Frauenwaffenbuch, dass zum Beispiel mein Mann gerne bereit ist, alles im Haushalt zu machen, außer der Badreinigung. Das bleibt meine Aufgabe und das ist ok so. Nur bitte, lieber Mann, bequem und effektiv, wie du sein kannst, nicht denken: „Oh cool, wenn das so ist, geht mir alles gegen den Strich, außer Gardinenaufhängen zweimal im Jahr."

Wenn eine Aufgabe beiden gleichermaßen gegen den Strich geht, müsst ihr euch abwechseln. Denk an die Familienkompetenz.

Ebenso unmännlich finden Frauen es übrigens, wenn du, anstatt dich weiterhin mit deinen Kumpels zu treffen, lieber das Haus hütest. Doch Vorsicht, nicht zu viel des Guten.

Es ist unbedingt erforderlich, dass du dir deinen Freundeskreis bewahrst. Würdest du das ihr zuliebe aufgeben, selbst wenn sie es vehement einfordert, wird sie es als Schwäche werten und über die Zeit, wirst du in ihren Augen langweiliger und unmännlicher werden. Doch wie gesagt: Nicht übertreiben! Es darf bei allen männlichen Freizeitaktivitäten die Familien bzw. Beziehungskompetenz nicht angekratzt werden, sonst hast du den Schwarzen Peter und mehr schlecht, als gut gemacht.

Und zum Schluss: Hüte dich unbedingt davor, als Muttersöhnchen durchzugehen. Da verstehen Frauen überhaupt keinen Spaß.

Allerdings auch hier ist wieder die goldene Mitte gefragt. Natürlich kommt es an, wenn du Dinge für deine Mutter erledigst, ihr behilflich bist etc., Stichwort Familienkompetenz. Doch ganz schnell kippt das gute Ansehen in die Muttersöhnchenschiene. Sprich, was zu viel ist, ist zu viel. Spätestens als du Zuhause ausgezogen bist, und ich hoffe, das war vor deinem 30. Lebensjahr, sollte sich deine Mutter nicht mehr hauptberuflich dafür interessieren, ob du auch genug zu essen bekommst. Sollte sie ständig bei euch zu Hause anrufen und fragen, ob es dir gut geht. Vorbeikommen, und kontrollieren, ob deine Freundin/Frau auch sauber gemacht hat, ist es Zeit für ein Machtwort, und zwar schnellstens, und zwar deutlich. Auch, wenn es dich Überwindung kostet. Ich weiß!

Es ist notwendig, deiner Partnerin dahingehend zuzuhören, denn oft erkennst du die Gemeinheiten deiner Mutter nicht als diese. Du denkst, sie meint es nur gut aber sie hat es ab einer gewissen Grenze nicht mehr allzu gut zu meinen. Apropos Meinen und Meinung, die sollte eine Mutter mit Stil, getrost für sich behalten. Allenfalls darf sie mal ein leises Tönchen anbringen, falls du Gefahr läufst, dein Gesamtvermögen für eine blonde Ukrainerin mit auffällig anhänglichem Bruder aufzugeben. Nichts ist unmännlicher als ein Muttersöhnchen.

Frauen wollen einen erfolgreichen Mann?

Was jetzt kommt, ist leider wahr. Wenn eine Frau die Wahl hat zwischen einem erfolgreichen Mann und einem notorischen Sofabummler, wird sie den Erfolgreichen nehmen.

Ja, nun ist es raus, wir Frauen sind genetische Nutznießerinnen. Das liegt daran, dass Frauen (unbewusst) gut versorgt sein wollen, wenn es um das Thema Kinder und Familie geht.

Später, wenn wir Frauen uns selbst was aufgebaut haben, ist es uns nicht mehr so wichtig aber wir sehen dann sicher nicht mehr ein, uns unter Wert zu verkaufen. Am unwichtigsten wird den Frauen der Erfolg im reiferen Alter. Da überwiegt das Bedürfnis nach sozialer Kompetenz.

Jetzt fragst du dich natürlich zu recht, wenn Frauen sich nur erfolgreiche Männer aussuchen, wie kommt es dann zu diesen Verbindungen, die wir im

Nachmittagsprogramm von RTL erleben können?

Es gilt, dass Männer und Frauen sich wie schon im Mittelalter an ihrem gesellschaftlichem Stand orientieren das Gefälle darf also nicht zu groß sein. Stellen wir uns vor, eine junge Frau ohne Schulabschluss, die einer sozialschwachen Familie entstammt, würde sich mit einem Medizinstudenten treffen.

Diese Verbindung würde gar nicht erst zustande kommen, weil man sich nichts zu sagen hätte. Der bekannte Funkenflug würde ausbleiben, weil beiderseits die Hormone melden: „Nein danke. Kann ich nichts mit anfangen."

Für diese junge Frau, wäre ein erfolgreicher Mann vielleicht ein junger Mann, der einer Arbeiterfamilie entstammt und ein solider Maurergeselle wird.

Vermutlich wird sie sich aber auch nicht darunter binden wollen.

Ein fauler, ungelernter Mann darf es sicher
für diese Frau nicht sein.

Eine Frau wird sich tatsächlich eher den
erfolgreichen Mann wählen, als den, der gar
nichts auf die Reihe bekommt.

Frauen wollen einen Mann, der sie zum Lachen bringt?

Ach echt??? Ja, ich und viele andere Frauen, finden Männer toll, die uns ab und wann zum Lachen bringen. Nicht, weil von 100 Witzen und unzähligen verkrampften Situationskomikversuchen mal zwei gezündet haben.

Frauen lieben es, wenn ein Mann es schafft, mit ihr auf der Lebensfreudewelle zu reiten und mit mir die Leichtigkeit genießt. In dieser Leichtigkeit durch Leben zu tanzen ist wunderbar und bringt, ganz unverkrampft, sehr viele Situationen hervor, die jemanden zum Lachen bringen. In dieser Leichtigkeit, ist Mann er selbst, und wenn jemand so ist, wie er nun mal ist, dann bringt er andere zum Lächeln und Lachen. Ich glaube, dass es genau das ist, was Frauen meinen, wenn sie sagen, ich will einen Mann, der mich zum Lachen bringt.

In meinem Frauenwaffenbuch schreibe ich, sie soll über deine Witze lachen. Nicht, weil ich will, dass Frauen lügen oder dir etwas vormachen. Sondern weil ich weiß, dass Männer sich, seitdem Mythos sie müssten eine Frau bespaßen, wie ein Clown unheimliche Mühe geben Bülent Ceylan, Mario Barth oder wahlweise auch Oliver Pocher nachzuahmen. Ich möchte, dass die Frauen dann Lachen als eine Art Applaus für deine Mühen und natürlich ein bisschen, damit du dich in ihrer Gegenwart wohlfühlst.

Ein für alle Mal: Eine Frau will im besten Fall dich, nicht die Clownversion von dir. Wenn du einen trockenen Humor hast, wird er genauso ankommen, wie ein sarkastischer Humor. Vielleicht braucht sie eine Weile, bis sie deinen Humor verstanden hat und nicht mehr verunsichert ist und somit beleidigt aus der Situation verschwindet, aber dann werdet ihr sicher bald gemeinsam lachen.

Frauen wollen einen Mann, der nicht immer nur an Sex denkt?

Wieso sollten wir das wollen???

Natürlich wollen wir einen Mann, der an Sex denkt, wenn er uns ansieht. Wie schrecklich, wenn nicht.

Was wir nicht wollen ist ein Mann, der uns schnell in die Kiste zerren will und dann wieder abschiebt. Es gibt wohl kaum eine Frau, die emotionslos mit einem Mann ins Bett gehen kann, ohne sich insgeheim zu erhoffen, dass er mehr von ihr will. Nun habe ich in Vorgesprächen zu diesem Buch mit einigen Männern gesprochen, die mir versichert haben, dass es genau diese Frauen gibt. Diese Frauen, die sich einen Mann aus dem Club mit nach Hause nehmen, ihren Spaß haben und sonst nix. Ich lasse das mal so stehen. Erstens glaube ich nicht wirklich an die innere Befriedigung dieser Frauen. Das mag einmal Abenteuer sein und auch ein weiteres Mal witzig, doch auf Dauer ist eine Frau nicht für so etwas ausgelegt. Im besten Fall ist sie nach sich

selbst auf der Suche. Und ganz ehrlich willst
du diese Art von Frau?

Ich empfehle allen Frauen immer die Vier-
Dates-Regel zu befolgen, um abzuchecken
wen sie vor sich haben und sich vor
Schürzenjägern zu schützen.

Ansonsten gilt: In einer Beziehung sind
Frauen sehr wohl davon angetan, wenn ein
Mann oft an Sex denkt.

Sei ein Supertyp!

Wie das geht? Jeder Mann ist bereits ein Supertyp. Du musst ihn nur rauslassen und das Beste aus dir machen. Pflege dich, zieh dich gut an. Geh ins Fitnessstudio, zeig, was du hast. Sei ein galanter Begleiter und ein guter Unterhalter. Nimm deine Männlichkeit und gebe das Thema im Gespräch oft vor. Hör ihr zu. Halte am besten ab heute und sofort jeder Frau die Tür auf. Öffne ihr die Autotür und nimm ihr den Mantel ab und helfe ihr wieder hinein.

Du wirst staunen, wie viel Eindruck du damit machst. Mein Mann und ich werden oft deshalb angesehen.

Mein Mann wird von Frauen bewundernd angesehen und von Männern zuweilen ein bisschen ungläubig. Automatisch fällt der Blick, dann auf mich, man(n) und auch frau, will wissen, was ist das für eine Frau, die so behandelt wird. Sie denken sich, was ist das für ein toller Mann, der seine Frau so behandelt.

Verstehst du?

Ein Mann, der in der Lage ist, eine Frau wie
eine Königin zu behandeln, der ist
automatisch ein Supertyp. Ein Mann, der in
der Lage ist, jede Frau wie eine Königin zu
behandeln braucht weder ein dickes
Portemonnaie, einen teuren Wagen oder
ein herausragendes Aussehen.

Ein Supertyp ist einer, der eine Frau auf
Händen trägt und hofiert. Der sie
respektiert, einfach weil sie eine Frau ist.

Ja, wir haben die Emanzipation gewollt, was
wir nicht wollten, war, dass wir den
Männern die Türen aufhalten und die
Rechnungen bezahlen. „Jahaaa", wirst du
jetzt denken. Wer emanzipiert sein will,
muss auch zahlen, so ist es nun mal.

Findest du nicht auch, dass dies ein bisschen
klingt wie eine Strafe für die doofe Frau, die
ja unbedingt ein Wahlrecht wollte?

Komm mal runter vom hohen Ross und
steige bitte um, auf den weißen Schimmel.

Dann bekommst du auch deine Prinzessin und nicht nur die Zeterelsen.

Natürlich wirst du die Rechnung bezahlen, weil Du der Mann bist.

Weil es dir nicht wehtut zu zeigen, dass du ein Held bist. Natürlich könnte fast jede Frau ihre Rechnung selbst bezahlen aber willst du das wirklich?

Sie kann alles alleine in der heutigen Zeit, wirklich alles. Aber aus irgendeinem Grunde wollt ihr doch auch in das Leben einer Frau gehören. Also bitte benimm dich wie ein Mann, wie ein Supertyp und der zahlt die Rechnung. Du hast nicht viel Geld?

Ok, dann lade sie nicht, nicht so oft oder in günstigere Bistros oder Clubs ein. Bleib in deinen Möglichkeiten.

Jede Frau, die du wie eine Königin behandelst, wird dir eine Frau sein und kein emanzipierter halber Kerl. Sie wird dich respektieren und zu dir aufsehen. Weil du sie behandelst, wie das Wertvollste was du im Moment hast, wird sie dich ebenso behandeln und noch besser.

Vielleicht bist du jetzt verärgert. Knallst gleich das Buch zu und denkst: „Ach so, um so eine blöde Else ins Bett zu kriegen, soll ich erst 600 Euro ausgeben oder was?"

Dann hast du etwas nicht verstanden. Es geht nicht um das, wie viel du gibst, sondern um deine Grundhaltung und nein, du machst dich nicht zum Trottel, wenn du sie hofierst. Du machst dich zu einem Supertyp.

Ich bitte dich, versuche es ab heute jeden Tag. Arbeite an deinem Supertypimage, du wirst sehen, deine Chancen bei Frauen werden um ein Vielfaches steigen.

Ab sofort suchst du dir die Damen aus, die **DU** möchtest und wenn du bereits gebunden bist, wird deine Frau dir ab sofort mehr Anerkennung zollen. Du wirst erstaunt sein, was alles auf einmal wieder möglich ist.

Wenn du wirklich, wirklich Angst hast, dir
etwas zu vergeben, dann versuche es
meinetwegen zuerst in einer Stadt oder
einem Land, in dem man dich nicht kennt.

Selbst wenn du es nur anwendest, um mit
einer Frau Sex zu haben, wirst du ihr damit
nicht das Gefühl gegeben haben, irgendeine
von Vielen gewesen zu sein. Aber Vorsicht,
die Gefahr, dass sie sich in dich verliebt ist
recht groß.

Bitte sei ein Supertyp und berichte mir von
deinen Erfahrungen.

Sei keine Flachpfeife, kein Mauermann und kein Beziehungsphobiker!

Warum? Ich habe den Damen aufgeschrieben, dass du dann nicht dazu geeignet bist, dich überhaupt im Leben zu ertragen.

Ok, zur Erklärung:

Flachpfeifen sind eine Vielzahl von Männern, vor denen ich meine Frauen warne, weil man von ihnen dringend die Finger lassen sollte. Bitte überprüfe, ob du dich zu dieser Kategorie Mann zählst und ändere, falls ja, schleunigst deinen Modus auf Supertyp.

Tanzt du Frauen mit einsatzbreitem Geschlechtsteil auf der Tanzfläche an und fühlst dich dabei toll?

Vergiss es, das ist ein No-Go und jede gute Frau, also ich meine Frauen, mit denen man(n) etwas anfangen kann, mit denen man(n) Pferde stehlen und die Welt retten kann, die man lieben und heiraten kann. Jene guten Frauen werden einfach nur genervt sein und schnellstens das Weite suchen.

Bist du einer von denen, die gerne im Internet nach einer Angebeteten suchen?

Daran ist nichts Schlimmes oder Verwerfliches, jedoch bitte erkläre niemals und keiner Frau nach drei Chats deine große Liebe.

Ich weiß, dass es Männer gibt, die im Überschwang Interesse, mit großer Liebe verwechseln und die Dame einfach beeindrucken wollen. Nicht nötig!!! Bleib einfach bei der Supertyp-Version und gebe dich ein bisschen bedeckt um das Interesse ihrerseits zu wecken.

Keine Liebeserklärungen vor dem ersten Treffen!

Bestenfalls wird sie dich nicht ernst nehmen. Im schlechtesten Fall wird sie denken, du bist ein Stalker oder ein andersgearteter Psychopath.

Gehörst du zu denen, die Frauen
Schwanzbildchen schicken?

Dann klappe bitte jetzt das Buch zu.

Geh in die Buchhandlung deines Vertrauens
und kauf dir einen Ratgeber zum Thema Ego
und Selbstbewusstsein.

Alle anderen, die glücklicherweise nie
Schwanzbildchen verschicken, können
schon mal zum nächsten Thema rüber
lesen. Hier wird's gleich ungemütlich.

So mein lieber Freund der Fotovergabe.

Keine Frau hat jemals in ihrem Leben einen
Mann nach seinem besten Stück
ausgewählt. Zweifelsohne ist deiner
sicherlich jedes Foto wert. Rahm ihn dir
meinetwegen ein aber bitte, verschone die
Frauenwelt. Danke!

Jede Frau, die nicht sofort den Kontakt
abbricht, wird dich im tiefsten Inneren als
Vollhorst betrachten. So und nun möchte
ich dir verraten, was Frauen denken, wenn

sie ein Mail oder einen Chat öffnen und ein Schwanzbild vorfinden, sie denken:

„Oh Gott was für ein Trottel." Da wir Frauen Schwänze meistens nicht halb so schön finden, wenn wir nicht grade voll dabei sind, lachen wir uns kräftig kaputt. Also bitte Finger weg!

Diese Regel gilt nicht! Wenn sie IHN schon einmal live gesehen hat und es der erotischen Beziehungspflege dient.

Zu den Flachpfeifen zählen an dieser Stelle auch die Weltbefruchter, die es sich zur Aufgabe gemacht haben, die ganze Welt zu bestäuben.

Ok, das ist jetzt ein bisschen unfair, denn jeder Mann ist mit diesem Gen auf die Welt gekommen aber man muss ja nicht jedes Gen hundertprozentig ausleben. Die wenigsten Frauen stehen wie gesagt auf ONS (One-Night-Stands). Solltest du allerdings nicht auf der Suche sein, nach einer Frau, mit der du dein Leben teilen kannst, mach ruhig so weiter. Ich sage dir nur eins. Die beste Potenz lässt irgendwann nach und auch Viagra hat seine Tücken. Solltest du also nicht alleine auf der Parkbank sitzen wollen, wenn die Manneskraft dahingeschlichen ist und das letzte Haar gefallen ist, setze auf Qualität, statt Quantität.

Gehörst du zu der Kategorie Mauermann?

Du kannst keine, oder nur schlecht Gefühle zulassen und wenn dann beginnst du sogleich sie zu unterdrücken?

Ich weiß, das wirkt oft reizvoll auf die Damenwelt, weil du somit etwas Unnahbares an dir hast, etwas was die Frauen entdecken wollen. Ich weiß auch, dass es daher rührt, dass manche Frauen eben nicht gut mit deinen Gefühlen umgegangen sind.

Ich weiß auch, dass bei allem Verständnis für meine Frauen, für die ich nun mal eigentlich schreibe, das sensiblere Geschlecht der Mann ist, zumindest wenn er sich wirklich tief verliebt hat.

Ein Mann leidet sehr viel mehr und sehr viel ausdauernder unter Verletzungen und Verlusten als eine Frau. Sie ist eher in der Lage abzuschließen, aufzugeben.

Sie hat das in ihrer Genetik verankert, weil Männer in der Steinzeit bei der Jagd oft umkamen oder eben nicht zurückfanden.

Sie kann nach einer kurzen, sehr heftigen Leidensphase abschließen und ist schnell bereit Neues zuzulassen.

Du als Mann kaust oft jahrelang an dem einen Verlust herum. Ja, ich weiß es ist nicht mit diesem Satz getan aber bitte, sage dir immer wieder, dass die Frau in deiner Vergangenheit zu recht dort hingehört. Es hat einen Grund, warum auch immer sie es nicht in die Zukunft geschafft hat.

Bitte versuche nicht eine Frau, die in deine Zukunft gehören könnte, durch blocken und mauern zu vergraulen. Denn wenn Frauen eins nicht sind, dann geduldig und die Guten sind schneller weg, als du drüber nachdenken kannst.

Bitte öffne dich und lasse zu, du lebst schließlich auch nicht ewig. So wirst du auch auf jeden Fall vermeiden, dass du zum Beziehungsphobiker wirst. Jemand, der einfach nur blanke Angst hat eine neue Bindung einzugehen. Jemand, der schon so oft oder so heftig enttäuscht worden ist, hat das Problem, dass er nur noch einem Menschen traut, sich selbst.

Was aussieht wie eine kluge Strategie um das Herz zu schützen, ist in Wahrheit verschwendete Lebenszeit.

Wer versucht, kann verlieren wer nicht versucht, hat schon verloren.

Mach dich interessant!

Das wird meinen Frauen nicht gefallen. Als ich ankündigte dieses Buch zu schreiben, waren sie misstrauisch und skeptisch.

Warum schreibt unsere Froschverwandlungsanführerin auf einmal ein Buch für die „Gegenseite"?

Die Antwort ist einfach, weil es keine Gegenseite gibt. Alles, was geschrieben steht, soll im Grunde einem guten Miteinander dienen.

Am Ende beschlossen viele Frauen, mir ganz einfach dadurch Zensur aufzuerlegen, indem sie mir androhten, dieses Buch natürlich auch zu kaufen, um informiert zu sein.

Umso erstaunter werden sie nun sein, wenn ich das: Mach dich interessant Kapitel beinahe 1 zu 1 auch in dieses Buch schreibe, denn diese Waffe funktioniert für beide Seiten gleich.

Sei interessant funktioniert auf mehreren
Ebenen.

Mann ist dann besonders interessant, wenn
er vielbeschäftigt ist, viel unterwegs auch
dann, wenn er viel gereist ist. Er wirkt auf
die Damenwelt besonders gut, wenn der
Eindruck erweckt wird, dass nur ganz
besondere Menschen in den Genuss eines
Dates mit ihm kommen.

Frauen verlieren das Interesse an Männern,
die berechenbar sind und von denen sie zu
jeder Zeit wissen, was sie grade tun oder
lassen. Sie wird natürlich alles daran setzen,
dich glauben zu machen, für den Erfolg
einer Partnerschaft wäre es von Nöten, dass
du dein Eigenleben komplett danieder legst.
Aber daran darfst du nicht mal denken,
denn dann will sie dich nicht mehr.
Verstehst du die Misere?

Du willst als Mann natürlich von Natur aus
alles richtig machen, damit es keinen Ärger
gibt, aber genau das wird dir auf kurz oder
lang das Genick brechen.

Männer sind von Müttern in eine gewisse Konfliktarmut getrieben worden, was das Kleinbeigeben zur Folge hat.

Sei nicht zu stur aber auch nicht zu folgsam!

Sei vielbeschäftigt und immer gut drauf. (Am besten, wenn du auch immer gut riechst ((unqualifizierte Anmerkung der Autorin)).

Vergiss aber bei aller Beschäftigung nicht, dass DU als Mann derjenige bist, der sich melden muss.

Da ich den Frauen vorschlage, dich nicht mit einem Wortschwall am Abend zu überfallen, das kann nämlich hier und da schon mal passieren, wenn frau dich länger nicht gesehen hat. Rate ich dir: Bitte sei so frei und gebe das Thema vor. Spreche vorzugsweise über deinen Tag aber nicht zu viel davon. Häppchen genügen, sie dichtet sich eh den Rest dazu. Vermeide bitte Ereiferungen bezüglich deines Berufs.

Ich hatte mal eine Bekannte, die hatte mal einen Mann (jetzt sind sie geschieden – was mich nicht wundert), der erzählte am Abend erst einmal eine Stunde über seinen Job. Sie kannte bald all seine Kollegen besser als er selbst und sie erzählte oft, dass sie über alle Details ihrer Trennung nachgedacht hatte, während er sich über seinen Job ergoss.

Also für dich gilt: Job, na klar kurz und bündig, die interessantesten Happen.

Fußball? Auf jeden Fall aber nicht den ganzen Spielverlauf.

Andere Frauen, die du getroffen hast: NEIN.

Deine Mutter: NEIN.

Wie du die kleine Katze vom Baum gerettet hast: unbedingt JA.

Wie du deiner Nachbarin den Kinderwagen die Treppen hinaufgetragen hast: JA!

Wie du deiner alleinerziehenden Nachbarin den Kinderwagen die Treppen hinaufgetragen hast: NEIN!!!

Wie du mit dem Tod gerungen hast, damals bei deiner Lungenentzündung: JA!

Wie man dir einen Eiterabszess entfernt
hat: NEIN!

Und so könnte es weiter gehen aber ich
weiß, das wird an dieser Stelle zu viel. Wenn
du weiterführende Infos brauchst.

Bitte eine Mail und der Beratungstermin
kommt.

Sei außergewöhnlich. Habe
außergewöhnliche Hobbys.

Natürlich soll sie das Gefühl haben, du bist
nicht wie die Anderen. Natürlich zeigst du
das alleine schon, durch deine galante Art
aber da geht noch mehr.

Na gut, ich gestehe, ich habe dir das Kapitel
stark gekürzt aufgeschrieben, die Gründe,
du ahnst es, liegen in deiner Genetik. Ich
weiß sehr wohl das eine Frau einen Mann
nicht belehren sollte, mit stundenlangen
Ausführungen, deshalb habe ich mich recht
kurz gefasst. Die Männerfassung sozusagen.

Bitte mach dich nicht zu rar, sei nicht zu
sehr beschäftig und denke dran, sie hat das
Gleiche gelesen!

Wenn ihr also noch gemeinsam Zeit
verbringen wollt, einigt euch bitte. Im
Regelfall regelt sich das allerdings über die
vorhandene Sehnsucht beiderseits.

Sei kein Muffelsack!

Durch dieses Thema musst du durch. Die Damen mussten sich anhören: Sei keine Furie. Was ist also schlimmer?

Sei kein Muffelsack, damit meine ich, dass Männer oft zu einem beliebten Mittel greifen um die Dame des Herzens, bei Fehlverhalten, ohne große Worte gefügig zu machen.

Nichts ist für eine Frau schlimmer und das wisst ihr Männer, denn ihr habt es euch über Jahrhunderte traditionell und nonverbal von Großvater zu Vater, zu Sohn weitergegeben.

Manchmal habe ich mich gefragt, ob es so etwas wie einen Muffelorden gibt und ein dazugehöriges Muffelritual:

„Hier mein Sohn, nun bist du an der Reihe. Ich überreiche dir den Muffelorden. „Nimm ihn und zeig der Damenwelt, was nonverbale, emotionale Macht ist."

Ich stelle mir vor, dieser Orden sieht aus,
wie ein Stinksack.

Wie ein Stinksack aussieht? Weiß ich doch
nicht, ich bin doch kein Mann und habe
somit keinen solchen Orden bekommen.

Männer schreien nicht und kreischen nicht
hysterisch, sie heulen auch nicht
stundenlang, um dann in den Arm
genommen zu werden.

NEIN, ein Mann hat da ja die gute alte
Muffeltradition übernommen.

Sie geht zum wiederholten Mal abends aus?

Ihm missfällt das sehr. Anstatt zu sagen:
„Mein Baby gehört zu mir.“

Sitzt er mit verschränkten Armen und einem
undefinierbaren Gesicht vor dem Fernseher
und er antwortet nur noch knapp, sehr
knapp und drückt so sein Missfallen aus.

Diesen Gesichtsausdruck kennt jede Frau,
die jemals in einer festen Beziehung oder
gar Ehe war.

Das Schärfste ist: Jeder Mann hat da einen anderen und ich könnte niemals so einen Gesichtsausdruck nachmachen.

Naja doch, ich habe es schon perfektioniert aber es scheint, als wenn es so etwas wie ein Stammesmuffelgesicht gibt.

Ich weiß, was du nun machst. Du lachst und ärgerst dich zugleich deine Mimik tanzt Tango. Einerseits willst du jetzt dein Muffelgesicht aufsetzen, aber was nutzt, es? Ich kann dich ja nicht sehen.

Andererseits lachst du weil, bisher ist doch jede Frau früher oder später drauf hereingefallen und hat schleunigst die Türe wieder geschlossen und ist zuhause geblieben.

Nein, sie hat nie wieder gewagt, deine ungeliebte Hühnersuppe zu kochen oder deine Modellautosammlung aus der Vitrine zu entfernen.

Und warum fällt sie darauf herein?

Weil auch ihr Vater ein Muffelsackgesicht
hat und sie diese Art von emotionaler
Erpressung bereits aus ihrer eigenen
Kindheit kennt.

Sie ist von männlicher Seite so erzogen
worden und du führst es fort.

Findest du DAS gerecht???

Natürlich denkst du: „Gerecht vielleicht
nicht aber wirksam."

Ja, aber jetzt kommt`s: Sei kein Muffelsack.
Warum? Weil es nur zwei Möglichkeiten
gibt, die zugegeben manchmal nach einer
sehr langen Zeit passieren werden, wie eine
Frau darauf reagiert.

Entweder, sie packt irgendwann ihren
Koffer und ist weg, weil sich inzwischen ihre
Nippel nach innen ziehen. Ihr Sexualtrieb
hat sich bis auf Weiteres in den Urlaub
verabschiedet, wenn sie dein Muffelgesicht
sieht oder auch nur erahnt.

Oder, sie wird es irgendwann einfach
ignorieren. So, wie sie es auch bei Ihrem

Vater gemacht hat, denn das haben die Herren in ihrem männlichen Leichtsinn wahrscheinlich ganz vergessen weiterzugeben.

Frauen sind da sehr findig und merken, dass du eh wieder ankommst, wenn du Hunger hast oder Sex willst.

Von daher versuche bitte, auch wenn es unheimlich schwerfällt, weil es immer schwerfällt, wenn man (auch frau) mit alten Mustern brechen muss. Daran arbeiten ist aber wichtig, denn das Muffelgesicht führt dazu, dass sie dich irgendwann nicht mehr ernst nimmt.

Kennst du einen Spruch, den fast jede ältere Frau über ihren Mann sagt?

„Ach der Heinz, der muffelt jetzt eine Stunde, dann kommt er wieder angeschluppt."

So oder so ähnlich geht es immer ab. Sie wird einfach genervt die Augen verdrehen und gehen.

Das ist bei allem Spaß, der häufigste
Scheidungsgrund, gleich nach Untreue.
Muffeligkeit.

Sei kein Muffelsack – das meine ich ernst!

Notfälle

<u>Sie rastet aus</u>

Grundsätzlich gilt bei Frauen: solange sie ausrasten, ist noch alles ok. Richtig gefährlich wird es erst, wenn eine Frau schweigt. Wenn sie nichts mehr sagt, genervt die Augen verdreht und einfach ihrer Wege geht ohne dein Fehlverhalten oder dich als Person groß zu registrieren. Also heißt dieses Kapitel für dich in der Männerversion:

<u>Sie schweigt</u>

Ehe dies eintritt, muss schon viel passiert sein. Wahrscheinlich hast du sie öfter nicht ernst genommen und respektlos behandelt. Eine Frau sieht irgendwann ein, dass es keinen Sinn mehr hat, dich darauf anzusprechen. Fatalerweise glauben Männer dann oft, dass sie es nun endlich kapiert hat. Dass sie begriffen hat, dass es keinen Sinn macht über deine Mutter zu hetzen oder dir die Kneipentour mies zu machen.

Leider nein, dies bedeutet ihr Schweigen in den seltensten Fällen. Sie hat es akzeptiert, dass du nicht gewillt bist, etwas dagegen zu unternehmen oder der Lage nicht Herr wirst oder keine Lust hast ihr zuzuhören. Dies hat zur Folge, dass sie sich innerlich von dir verabschiedet. Das tut sie recht lange aber meist unbemerkt, in der Beziehung. Es kann also sein, dass du dich noch im Triumph sonnst, während sie dabei ist, dich zu vergessen, obwohl sie noch neben dir liegt.

<u>Sie setzt dich herab oder beschimpft dich</u>

Herabsetzen ist eine Reaktion, die bei Männern und Frauen gleichermaßen ausgelöst wird. Jemand setzt den anderen erst herab, wenn er sich selbst herabgesetzt fühlt oder wenn er sich aus irgendeinem Grund kleiner gestellt fühlt, als die andere Person.

Manche Menschen haben von Haus aus ein schlechtes Selbstbewusstsein. Dieses Problem betrifft häufiger Frauen. Wenn du also ungeschickte Bemerkungen über ihr Aussehen gemacht hast oder zu schnell zur

Alltäglichkeit übergegangen bist, nachdem sie eine große Leistung vollbracht hat. Wenn du ihre Leistungen nicht anerkennst oder übergehst, dann passiert es auf kurz oder lang, dass sie dich auch beginnt herabzusetzen. Wenn also so etwas vorgefallen ist, kann es sein, dass sie beginnt dich herabzusetzen. Du musst wissen: Nicht alles, was dir selbstverständlich erscheint, ist auch leicht für sie.

Du solltest deine Frau immer anerkennen, auch loben, für Alltägliches, ich weiß auch deine Mutter hat kein Lob erwartet, daher gehst du nicht davon aus. Aber wenn sie beginnt, dich herabzusetzen, dann denke darüber, nach wo du ihre Leistungen übergehst. Wo du etwas, was sie ausmacht, nicht siehst.

Deine Mutter ist sicher die tollste Mutter,
die du hättest haben können aber die
Wahrheit ist, den wenigsten Müttern
gelingt es, das Erwachsenenleben ihrer
Söhne ohne Einschränkung zu akzeptieren.
Spätestens, wenn eine Frau in dein Leben
kommt, erlebst du die ach so sanfte,
treusorgende Mutti oft als Rächerrochen.

Deine Frau wird sich das nicht gefallen
lassen. Sie wird zurückgiften, und wenn das
alles nicht hilft, dann werden die zwei
Kampfhähne, dich in die Sache reinziehen,
und wenn du mich fragst, würde ich sagen:
Du musst unbedingt zu deiner Frau stehen.
Versuche auf keinen Fall zu vermitteln.
Gebe jeder der beiden Frauen das Gefühl,
das du sie für das liebst, was sie sind.

Deine Mutter als deine Mutter und deine
Frau als deine Frau an deiner Seite. Sei so
mutig, deiner Mutter schnell jegliche
Meinung und Ereiferung zu untersagen,
zugunsten deiner Frau.

Deine Frau ist die Frau, die du nach dem Kaffeetrinken des Grauens wieder mit nach Hause nehmen möchtest.

Solltest du also deinen Kindheitsmuster folgen und deine Mutti anhimmeln und ihr auch noch beipflichten, während sie unterschwellig deine Frau fertigmacht, wird das Folgen haben und am Ende, wenn deine Frau dich rausgesetzt hat, wird deine Mutter noch mit einer Unschuldsmiene behaupten sie hätte doch nie etwas Böses gesagt. Sie hätte gleich gewusst, dass ihr nicht zusammenpasst.

Schnell auf Anfang gespult und noch mal von vorne. In 90 Prozent aller Partnerschaften ist die Mutter des Mannes ein Problem. Das wird sich nur für dich nicht ändern.

Ein Mann sieht das Problem meist gar nicht. Er denkt: „Ist doch alles prima gelaufen." Ich weiß, du bist ein Mann. Du hörst die unterschwelligen Angriffe nicht, die sich die zwei liefern. Für dich ist alles in bester

Ordnung, bis deine Frau auf einmal mit für dich wirren Anschuldigungen beginnt.

Bitte tue dir selbst den Gefallen und höre deiner Frau zu. Wenn sie sagt, ich fühle mich bei deiner Mutter nicht wohl, meint sie das unbedingt ernst. Sie hat Feindseligkeiten wahrgenommen, die du nicht wahrnehmen kannst. So etwas läuft auf einer psychologischen Frequenz ab, die für einen Mann nur bei genauer Beobachtung sichtbar ist. Das liegt daran, dass du als Mann meistens wichtigeres, existenzielleres zu tun hat, als sich um diese Art von Frauenproblem zu kümmern.

Trotzdem, weise deine Mutter sanft in ihre Schranken. Dies gelingt dir, indem du vor ihr, deine Frau in allem, was sie sagt, bejahst und unterstützt.

Niemals sollte deine Mutter das Gefühl bekommen, einen Keil in eure Beziehung treiben zu können.

Bedenke: Ihre Meinung ist weder objektiv, noch gefragt. Du bist erwachsen und wirst wissen, was du tust.

Um das Verhältnis nicht weiter zu belasten, zwinge deine Frau bitte nicht mit deiner Mutter in den Urlaub zu fahren. Auch euer Haustürschlüssel gehört nicht in mütterliche Hände und welche Konflikte es zwischen euch auch gibt, sollte deine Mutter niemals erfahren.

Du wärst nicht der erste Mann, der irgendwann alleine mit seiner Mutter auf dem Sofa sitzt, weil seine Frau den Mist einfach nicht mehr ausgehalten hat.

Du glaubst, das kann dir gar nicht passieren? Zwölf Jahre Beratung sprechen eine eindeutigere Sprache.

<u>Sie trennt sich</u>

Das ist bitter. Denn wenn sie sich trennt, hast du vorher lange nicht zugehört und anders als bei euch Männern, die recht schnell eine Trennung beschließen (im Vergleich), hat eine Frau das schon eine lange Zeit mit sich rumgetragen.

Sie leidet erst laut, dann leise und dann geht sie. Leider ist das Schlimme, dass ihr Männer oft in den ersten zwei Wochen nach der Trennung denkt: „Na gut, ist die alte Zeterziege eben weg. Ich komme eh besser alleine klar und das Singleleben gefiel mir schon immer besser."

Dann, wenn du aber merkst, dass es wehtut und du sie zurückhaben willst, ist sie über den ersten Schmerz weg und beginnt damit, ihr eigenes Leben zu leben. Deshalb, wenn du etwas retten willst, dann sofort. Mein Rat: Butter bei die Fische und kämpfen, was das Zeug hält.

Nicht erst rummuffeln und das gekränkte Ego pflegen, womöglich noch mit offensichtlichen Bettgeschichten. SOFORT hinterher und nicht vergessen, auf ihre Gründe einzugehen und sie ernst zu nehmen.

Nicht: ja aber du!!!

Wenn du sie wirklich zurückhaben willst, ist es unbedingt von Nöten, deinen männlichen Stolz mal kurz zu vergessen. Der hat dich schließlich dahin gebracht, wo du jetzt bist. Kaum eine Frau geht, wenn sie nicht vorher schon tausendmal versucht hat, die Beziehung zu retten.

Wenn sie einen anderen hat und deshalb gegangen ist, stehen deine Chancen dennoch sehr gut, dass sie bald zurückkommt. Vielen Frauen fällt nach kurzer Zeit ein, dass der andere eben nur ein Emotions- oder Spaßkasper war.

Dann solltest du trotzdem um sie werben und ihr immer wieder deine Vorzüge aufzeigen. Sei einfach der aufmerksame und galante Supertyp.

Konkurrenz taucht auf

Wenn eine Frau liebt, dann liebt sie, dann
kommt meist kein anderer infrage. Im Laufe
der Jahre schleicht sich aber oft die Routine
ein und was Frauen partout nicht verstehen
wollen, ist, dass ein Mann seine Liebe oft
durch Taten zeigt, wie zum Beispiel viel zu
arbeiten um schöne Urlaube zu ermöglichen
anstatt immer wieder „Ich liebe dich" zu
sagen. Das genau wollen Frauen aber
immer und immer wieder hören und
bestätigt wissen. Frauen wollen Blumen,
nette Worte und viel Wärme.

Wir beide können hier ja ehrlich zueinander
sein. Ehrlich gesagt bist du eben auch
manchmal ein bisschen bequem. Warum
große Anstrengungen auffahren, wenn doch
eh jeden Abend das Essen auf dem Tisch
steht? Für dich als Mann gilt die
Liebeserklärung, bis sie widerrufen wird und
Punkt. Wenn man(n) es dann aber
übertreibt, nur noch auf der Arbeit ist
(auch, wenn er das nur tut, um die Familie
gut zu stellen) und er sie vor lauter
Müdigkeit gar nicht mehr beachtet und

dann irgendwann auch die gemeinsamen Unternehmungen und der Sex ausbleiben, dann wird es gefährlich.

Sie wird nicht sehen, dass du die ganze Zeit um den nächsten Sommerurlaub bemüht bist. Sie wird nur merken, dass du derzeit die Aufmerksamkeit nicht auf sie richtest. Das geht eine Weile gut, bis es ihr zu viel wird. Sie wird warten und versuchen, selbst was vorschlagen, sich Körbe einholen und, und, und. Und irgendwann beim Fußballtraining eures Sohnes steht er dann da, der Spaßkasper. Er flirtet mit ihr und aus einem Flirt wird vielleicht ein bisschen mehr und sie saugt die Anerkennung auf wie ein Schwamm.

Keiner, der genervt die Augen verdreht, wenn sie etwas sagt. Niemand der nicht zuhört, im Gegenteil. Meistens merkst du als armer arbeitender Mann ja auch nichts davon. Dir fällt nichts auf.

Du bist so in deinem Alltagstrott, hast ganz vergessen, den galanten Supertyp zu leben, obwohl du das an keinem Tag deines

Lebens vergessen solltest, aber du hast es
vergessen, und zwar seit Monaten und der
andere hat somit viel Zeit. Zeit, die du
nutzen solltest, sofort auf Supertyp
umzuschalten, sie einladen, hofieren, das
ganze Programm, und zwar bitteschön ernst
gemeint.

Nicht einfach ein paar Tickets kaufen und
sie da auch den ganzen Abend nicht
beachten. Das ist wieder gar nicht gut. Du
ersparst dir, deiner Familie und deinem Ego
erheblichen Ärger und Kummer.

Es wird dir gar nicht gut bekommen, wenn
sie eines Tages sagt: „Du, ich ziehe zu
meinem Freund." Ich weiß es ist nicht leicht,
denn du denkst ja, du hast alles getan aber
sie verzichtet mit Sicherheit lieber auf den
Sommerurlaub als auf deine Zuwendung.

Das Gute daran, sie wird sofort bereit sein,
den anderen sausen zu lassen, sobald du ihr
wieder deine Aufmerksamkeit schenkst,
denn du hast als fester Partner oder
Ehemann immer die besseren Karten.

Dich kennt sie, du hast dich bewährt, das ist im Zusammenspiel mit deinen Traumprinzeigenschaften unschlagbar.

Du siehst, es gibt für dich als Mann eigentlich nur eine einzige Regel. Sei im Supertypmodus. Sei galant, charmant, aufmerksam und treu sonst musst du gar nix tun. Eigentlich ganz einfach, oder?

Schluss machen

Es gibt ja auch Frauen, die haben das
Frauenwaffenbuch nicht gelesen oder
haben es gelesen und meinen es sowieso
besser zu wissen. Solch eine hast du
erwischt?

Sie ruft dich andauernd an, eröffnet für
jeden Furz, über den ihr eh schon
tausendmal gesprochen habt, einen runden
Tisch und ist demnach einfach nur nervig.

Es soll ja auch vorkommen, dass man
einfach feststellt, dass man doch nicht so
gut passt oder die Gefühle einfach nicht
reichen.

Obwohl, ich kenne Männer eigentlich
besser. Du gehst Beziehungen nicht
leichtfertig ein. Sie muss sich schon wirklich
extrem verwandeln, bis es dir reicht.

Ich kann nichts dafür, ich habe mein Bestes
getan um die Damenwelt davon abzuhalten
und es euch so kommod wie möglich zu
gestalten.

Wenn es einfach nicht mehr geht, dann geht es nicht mehr.

Nun kommt natürlich etwas auf dich als Mann zu, was ja noch viel Schlimmer ist, als Beerdigungen und Taufen oder ähnlich geartete Familienzusammenkünfte. Das Schlussmachen.

Weil es eben erfordert, dass man(n) klar Stellung beziehen, muss. Weil es möglicherweise, nein sogar todsicher eine Diskussion geben wird. Weil du als Mann aber naturgemäß den Konflikt scheust und du Angst vor ihren 101 Argumenten hast, wirst du womöglich bald die zündende Idee haben eine Mail zu schreiben. Gute Idee, total easy hast du die Sache vom Tisch. Wäre sie ein Mann und keine Frau, wäre das DIE Lösung. Doch glaubst du wirklich, sie wird sich so einfach per Mail abspeisen lassen?

Es dauert keine Woche und sie lauert dir beim Zahnarzt, bei der Arbeit oder sonst wo auf.

Warum sie nicht zu dir nach Hause kommt? Frauen sind oft blond aber selten blöd.

Sie weiß, du wirst dich in der Öffentlichkeit nicht getrauen, rigoros das Ganze zu wiederholen. Sie wird einen Ort wählen, an dem du weder viel sagen kannst, noch weglaufen kannst. Daher empfehle ich dir gleich die direkte Konfrontation. Wähle einen neutralen Ort, an dem auch sie vermutlich nicht total ausrasten wird. Trage deine Argumente sachlich vor und gehe dann bald nach Hause. Lass dich nicht auf Diskussionen ein. Bleibe höflich und freundlich aber klar und bestimmt und bleibe strikt bei deinem Standpunkt. Sie wird versuchen dich zu überzeugen, alle ihre Raffinessen ausspielen, aber wenn du wirklich nicht mehr willst, dann sei unbedingt so klar wie eine Kristallkugel. Sie darf nicht den Hauch einer Unsicherheit bei dir spüren. Also überlasse das Trösten bitte auch ihren Freundinnen.

Schluss machen ist nie schön, bitte achte auf ihre Gefühle aber auch auf deinen Standpunkt.

A bis Z

Hier folgen nun einige wissenswerte
Stichworte, die du einfach immer wieder
nachschlagen kannst.

Angeben

Eine Unart der besonderen Art, die bei
Frauen nicht gut ankommt, ist das Angeben.
Ich kenne wirklich Frösche, die stellen sich
allen Ernstes auf einer Party mitten in den
Raum und prahlen, was das Zeug hält.

Wie viel sie verdienen und was sie nicht
alles haben und können. Eine Frau
überkommt eine Art Schamgefühl, wenn du
ihr gegenüber diese Art der Profilierung
wählst, sie weiß nicht, wie sie damit
umgehen soll oder kann. Mal ehrlich, außer
"Wow" und „Ja, das ist ja wunderbar." Kann
sie auch kaum etwas sagen.

Ich garantiere dir, sie wird über kurz oder
lang das Weite suchen, denn sie hat keine
Lust sich mit dir in die Mitte des Raumes bei
der nächsten Party zu stellen und sich fremd
zu schämen.

Ich habe mal einen Mann getroffen, der mir
ins Gesicht sagte, als er merkte, ich bin
wenig interessiert:" Du weißt ja gar nicht,

was dir entgeht. Du verzichtest auf ein Leben wie die Geissens."

Ich habe seitdem mein Fluchttempo verbessert. So etwas geht gar nicht.

Sei, wie du bist, aber sei bitte kein Aufschneider und Angeber, der mit all seinem Hab und Gut hausieren geht oder womöglich mehr dazu dichtet als er hat. Dich wird irgendwann keiner mehr ernst nehmen.

Anmache

Ich mag dieses Wort eigentlich nicht. Ein Mensch ist nun mal kein Salat aber, da wir uns ja auf eine gemeinsame Sprache einigen müssen, bitteschön.

Wenn du also eine Frau siehst oder kennenlernst, die dir gefällt, dann verzichte unbedingt auf so lustige Sprüchlein wie: „Ist dein Vater ein Dieb, er hat dem Himmel die Sterne geklaut."

Je nach Frau wirst du verschieden
Reaktionen ernten aber sicher keine, die dir
gefällt.

In letzter Zeit habe ich öfter erzählt
bekommen, dass es eine neue ganz
originelle Variante gibt: einfach direkt nach
Sex zu fragen. Das finde ich ehrlich gesagt
an Dummheit kaum zu überbieten.

Wenn du bis hierhin aufmerksam gelesen
hast, weißt du auch warum. Bestenfalls
siehst du eine Staubwolke, wenn es nicht
sogar ihr Handabdruck in deinem Gesicht
ist.

Auch beliebt in letzter Zeit, die Pick-up
Strategie. Wie du liest, ich habe
recherchiert.

Das ist eine Variante, in der Männer
knallhart taktieren, um bestimmte Damen
ins Bett zu bekommen. Unter anderem gilt
dort die Regel, überschwängliche
Komplimente zu machen und einen Punkt,
der nicht Sex- oder Datingrelavant ist,
herabzusetzen.

Zum Beispiel: Du hast so wunderschöne Augen und du bist die tollste Frau, die ich seit Langem getroffen habe aber Psychologie studieren geht gar nicht.

Dies soll der Dame das Gefühl vermitteln, dass sie sehr wohl ein Manko hat und nun, wo einer trotz des Mankos schon mal so tolle Komplimente macht und scheinbar ein Traumprinz ist, wird sie schneller auf den Sex eingehen, ehe er abspringt.

Tatsächlich glaube ich, das ist eine erfolgreiche Variante, falls du vorhast alles mitzunehmen, was nach dem dritten Date noch nicht abgehauen ist. Bitteschön. Allerdings glaube ich, dass du kein Pick-up Typ bist, sonst würdest du dir kaum die Mühe machen, das Buch bis hierhin zu lesen.

Wenn du eine Frau wirklich begeistern willst, sei, wie du bist mit dem Verhalten des galanten Supertyps und du wirst alle Chancen der Welt haben.

Klar funkt es nicht bei jeder Frau.

Versuch es einfach immer weiter auf die klassische Art. Du sprichst die Dame an, die dir gefällt, erfragst ihre Nummer und dann das erste Date. Wenn du ihr wirklich nicht gefällst, wird sie darauf schon gar nicht eingehen. Geht sie drauf ein, stehen die Chancen doch schon gut.☺

Beziehungskompetenz

Beziehungskompetenz ist deine Fähigkeit, eine Beziehung einzugehen. Verantwortung zu übernehmen, Konfliktbereitschaft zu zeigen und sich auf die Partnerin einzustellen und einzulassen.

Du tust gut daran, dich so zu verhalten, dass sie den Eindruck hat und auch behält, dass du beziehungskompetent bist.

Dies kannst du zeigen, indem du dich oft meldest, sie nach ihrem Befinden fragst, zuverlässig und verlässlich bist.

Charme

Charme ist deine wirksamste Männerwaffe.
Du kannst mit Charme bei einer Frau alles
erreichen. Du wirst sie, egal wie du
aussiehst oder ob du grade so pleite bist
wie nie zuvor in deinem Leben, erreichen
und sie für dich gewinnen. Charme
funktioniert am Anfang einer Beziehung und
auch wenn deine Beziehung etwas
eingefahren ist. Lass deinen Charme spielen
und du wirst wahre Wunder erleben.

Sexleben eingeschlafen? Charme.

Urlaub mit Mutti geplant und keine Ahnung,
wie du es ihr beibringen sollst? Charme!

Verabredung vergessen? Charme.

Du weißt nicht, was Charme genau ist? Lies
noch mal das Kapitel über den Supertypen
oder ruf mich an.

Coolness

Coolness ist das größte Missverständnis der Geschichte zum Thema Männer und Frauen. Manche Männer glauben offensichtlich, dass cool sein oder cool tun, Partnerschaften erzeugt.

Die Wahrheit aber ist, das cool sein wollen und cool tun viele Partnerschaften verhindert.

Glaube mir, ich kann dir aus dem Stand 20 Frauen aufzählen, die dir wiederum etliche Geschichten von coolen Typen erzählen könnten. Diesen coolen Typen haben eins gemeinsam. Zu Anfang waren sie wirklich heiße Kandidaten, am Ende Lachnummern. Kaum eine Frau steht auf aufgesetzte Coolness. Dieses Cowboygetue ist wirklich nur zu Karneval toll. Lass es einfach. Sei meinetwegen lässig und witzig aber nicht übertrieben. Keine Sprüche wie: „Hey Baby, soll ich dir mal die echte Leidenschaft zeigen.“

Auch nicht: „So Süße jetzt darfst du mal in einem richtigen Auto fahren.“

Oder: „Wenn wir Sex hatten, bist du süchtig.“

Auch nicht: „Ach ich habe ja mit so kleinen Summen nichts zu tun, da musst du schon mit größeren Nummern kommen.“

Das hat Kotzpotenzial - also unbedingt lassen.

Daten

Du bist schon länger Single und es klappt einfach nicht mit dem Daten?

Das kommt vor aber mit ein paar kleinen Tricks, geht es gleich viel leichter.

Fangen wir vorne an. Du suchst eine Frau, also mache dir zuerst klar, wie soll sie sein?

Möchtest du eine Frau, die sich für Kultur interessiert? Ab in die Museen der Stadt. Möchtest du eine sportliche Frau? Dann ist das Fitnessstudio oder die Joggingmeile im Park, dein Gebiet.

Geh dorthin, wo man die Frauen trifft, die du suchst. Eine introvertierte Leseratte, wirst du nicht in einem angesagten Club kennenlernen.

Gut, die Wahrscheinlichkeit besteht, aber die Trefferquote sinkt natürlich.

Dass gleiche gilt fürs Internet. Man darf das Internet nicht verteufeln. Es hat sich durchaus zu einer adäquaten Variante gemausert. Nahezu jeden Typ Mensch kann man im Internet treffen. Allerdings, der Streuverlust ist hier erschreckend hoch und auch der erste Eindruck fehlt zumeist komplett. Daher kann die Internetvariante, die oft zu Unrecht als bequem eingestuft wird, zeitraubender und langwieriger werden, als man sich erhofft hat.

Nicht zu unterschätzen sind auch die frustrierenden Flops, die sich im Internet leider schnell summieren.

Die schlanke Powerfrau entpuppt sich nach einigen Chats, die sich allerdings über Wochen zogen, als therapiebedürftige Klette. Die ach so verständnisvolle Supermaus entwickelt sich zur keifenden Furie.

Daher sage ich: Schau, dass du so schnell als möglich ein Treffen hinbekommst und tendenziell würde ich von Entfernungen über 100 Kilometer abraten. Die Menschen, die sich im Internet tummeln, gehen auf jeden Fall auch raus und sind irgendwo in dieser Welt auch live zu erleben. Dein Augenmerk sollte auf jeden Fall eher auf der Livevariante liegen.

Aber versuch es einmal selbst.

Wenn du sie dann getroffen hast, geht es immer den gleichen Weg. Du stellst dich vor, (selbstbewusst aber nicht zu viel), fragst IHRE Kontaktdaten an. Nicht: „Hier Baby meine Nummer ruf mal an, wenn du was Geiles erleben willst.“

Ich rate Frauen davon ab, solch einen Mann
anzurufen. Ich rate eigentlich generell
davon ab, ihn anzurufen. Also frag sie
IMMER nach ihrer Nummer.

Dann folgt das erste Date.

Das Wichtigste, was du zum Date
mitnehmen solltest, ist dein
Selbstbewusstsein. Natürlich weiß ich, dass
du kein Neandertaler bist, aber ich schreibe
es trotzdem noch einmal auf:

Bitte sie nicht selbstbewusster als Karate
Kid und sei nie arrogant.

Eine Frau wird sofort spüren, dass du nicht
du selbst bist und sich nicht noch mal mit
dir treffen wollen.

Trotzdem, selbstbewusst auftreten ist
wichtig. Wenn du dazu neigst, sehr
verunsichert zu sein, dann übe vor dem
Spiegel noch mal und sage dir, wer du bist.
Zähle deine positiven Eigenschaften auf.

Was hast du einer Frau zu bieten? Du siehst
passabel aus, kleidest dich gut, legst ein

gutes Benehmen an den Tag, hast einen (guten) Job, viel zu erzählen. Hey, du hast viel vorzuweisen, da bin ich sicher.

Was davon trifft auf dich zu?

Wenn du zum Date gehst, wird von dir gefordert sein, dass du galant bist. Die Tür aufhältst (auch die Autotür), ihr den Mantel abnimmst, den Stuhl anrückst und sie in den Mittelpunkt deiner Welt stellst, solange Euer Date andauert. Versuche keine galante Geste zu vergessen, denn die richtigen Hochkaräter-Frauen, werden es auch nicht vergessen.

Sie sind es gewöhnt, dass ihnen die Autotür aufgehalten wird.

So passierte es mir einmal, dass ich aus Gewohnheit nicht in ein Auto einstieg, weil mir keiner die Türe öffnete. Der Herr saß und saß und saß und wartete und wartete, bis es ihm aufging, das Lichtlein.

Nein, diese Gesten sind nicht erniedrigend für einen Mann. Im Gegenteil sie werten dich als Mann auf.

Mein Mann erntet andauernd bewundernde Blicke, wenn er mir die Türen aufhält, er wird höchstens von den Herren abwertend oder komisch angesehen, die selber die größten Stoffel sind und ihre Frauen die Tüten schleppen lassen.

Lass dich davon nicht beirren. Du wirst sehen, wie unglaublich viele Mankos du mit solch kleinen Gesten wegspielen kannst.

Das hört sich dann in den Gesprächen mit den Freundinnen so an:

„Ok, er ist geschieden, hat Schulden und drei Kinder aber er behandelt mich wie eine Königin." GENAU!

Es ist alles total egal, solange du dich benimmst wie ein Supertyp, wirst du auch einer sein.

Beim ersten Date darfst du ganz Mann sein. Das Thema Sex ist tabu. Erzähle von dir, frage sie, was dich halt interessiert. Sei ruhig ein bisschen tonangebend, was den Wein und die Wahl des Lokals angeht. Hat

sie keine besonderen Wünsche, bestimmst
du.

Ja, richtig gehört. Du bestimmst! Gib ruhig
das Thema vor, erzähle, wer du bist, was du
machst aber bitte keinen vierstündigen
Monolog über die Wichtigkeit deiner Person
in deiner Firma. Gestalte das Date nach
deinen Wünschen.

Alles ist erlaubt was du machen magst
außer: SEX! Das Thema ist einfach tabu. Es
wird nicht besprochen. Wenn sie davon
anfängt, reibst du dir bitte nicht unter dem
Tisch die Hände, sondern du reagierst kurz
auch gerne frech, dann wechselst du galant
das Thema.

Ein galanter Supertyp wie du hat es nicht
nötig über Sex zu sprechen. Sex ist nichts,
was man bespricht, nicht zu diesem
Zeitpunkt. Sex ist etwas zum Genießen und
Ausleben zur rechten Zeit.

Frauen hassen Männer, die sie andauernd
auf Sex anquatschen. Das kennen sie, seit
sie 15 Jahre alt sind. Das ist weder originell

noch antörnend. Bei späteren Dates kannst
du mit der Kunst der Verführung beginnen.
Damit beginnen, nicht drüber sprechen.

Grausam, das Gequatsche.

Für mich fühlt sich das immer ein bisschen
so an, als wenn man drüber diskutiert, wie
eine Farbe sich anfühlt. Das kann man nicht.

Man kann nicht drüber reden, wie Sex sich
anfühlt, also warte die Zeit ab(vier Dates),
sei der Supertyp und dann darfst du auch
schon ganz ohne Worte zur Sache gehen.

Sie wird dir schon zeigen, was sie mag und
was nicht.

Siehst du, es ist ganz einfach. Sei da, sein
ein galanter Supertyp, sei selbstbewusst,
entspann dich und hab Spaß.

Dann kommt der Rest von ganz alleine.

Eifersucht

Eifersucht ist eine Leidenschaft, die mit Eifer sucht, was Leiden schafft. Und in diesem Sprichwort steckt sehr viel Wahrheit. Eifersucht ist das Problem, der Person die sie empfindet – nicht das Problem des Partners.

Sie ist auch ein Indiz dafür, dass man den Partner ein Stück weit als Eigentum betrachtet. Ein Supertyp, der die Männerwaffen benutzt, weiß aber, dass, wenn er Eiersucht empfindet, er etwas falsch gemacht hat. Vielleicht bist du ein Muffelsack gewesen, hast sie ignoriert oder eben länger mal nicht bemerkt, dass es sie gibt.

Bei den meisten Menschen entspringt die Eifersucht aus einem Minderwertigkeitsgefühl heraus. Dass es gilt anzusehen. Ich kann dir nur raten, von Eifersuchtsszenen Abstand zu nehmen, denn gezeigte Eifersucht, führt zu Verunsicherung und einem Gefühl des kontrolliert seins bei einer Frau. Da wir

Frauen lange für unsere Freiheit einstehen mussten, reagieren wir an der Stelle zuweilen empfindlich.

Ein wenig Eifersucht kann nicht schaden, das wird sie erfreuen und sie wertet es als Liebesbeweis. Allerdings nur in einem gesunden Maß.

Beginnst du sie zu kontrollieren oder einzuschränken, bist du zu weit gegangen. Wenn du dich gut verhalten hast, wird dir keine Konkurrenz begegnen.

Ex

Der oder die Ex heißt Ex, weil sie Ex ist. Der oder die Ex heißt nicht Ex, weil sie oder er existent ist und weil das so ist, werden wir das auch nicht ändern.

Sprich: Wir bringen weder unsere Ex ins Spiel noch ihren. Supertypen sprechen nicht, schon gar nicht schlecht, über ihre Ex oder den Ex der Angebeteten.

Männer neigen dazu, zu all ihren Exfreundinnen ein gutes Verhältnis haben zu wollen. Der wahre Grund dahinter ist wieder die Genetik eines Mannes, die ihm sagt: „Je mehr Frauen du ihm Pool hast, desto mehr Kinder wirst du im Notfall zeugen können, ehe du Tod bist und die Menschheit aussterben muss, nur weil du gestorben bist, ehe du genug Kinder gezeugt hast."

Da wir nicht mehr in der Steinzeit leben, belasse die Beziehung bei einem „Hallo", wenn ihr euch zufällig begegnet.

Wenn ihr gemeinsame Kinder habt, beschränke den Kontakt auf die familiären Dinge. Es ist nicht nötig und auch nicht schön, mit der Ex über deine neue Beziehung zu plaudern oder ständig zu „Dritt" am Tisch (im übertragenen Sinne), zu sitzen.

Familienkompetenz

Ähnlich wichtig, wie die Beziehungskompetenz ist die Familienkompetenz. Deine Fähigkeit, dich um eine Familie zu kümmern. Dazu gehört wieder Zuverlässigkeit, Verlässlichkeit hinzu kommt Stressresistenz, Kinderfreundlichkeit und die Fähigkeit, die Familie versorgen zu können und zu wollen. Du tust im Grunde immer gut daran, bei Interesse an einer Frau eine gewisse Familienkompetenz auszustrahlen. Solltest du auch nicht sofort Kinder wollen aber dennoch irgendwann mal, quatsch dich nicht um Kopf und Kragen, indem du dieses Thema rigoros verbannst. Sag niemals Dinge wie: „Vielleicht irgendwann aber jetzt auf gar keinen Fall. Also wenn du schnell Kinder willst vergiss es. Da müsste ich erst mal schauen, ob das mit uns überhaupt etwas ist."

Stopp! Da lohnt es sich mal, als Mann cool zu sein und cool zu bleiben. Atme tief durch und dann gilt es, das Thema zu verallgemeinern.

Einfach sagen, ob du jemals Kinder willst. Wie ich schon am Anfang des Buches schrieb, will sie meistens nur abchecken. Kaum eine Frau wird ohne, dass sie deinen Hintergrund durchleuchtet hat, darauf aus sein, dir deinen wertvollen Samen zu entlocken, um von dir ein Kind zu bekommen. Es sei denn, du heißt Boris Becker.

Großzügigkeit

Frauen stehen auf großzügige Männer. Das ist einfach so. Sie lieben Männer, von denen sie großzügig bedacht werden. Wenn du kein Geld hast, ist das nicht schlimm. Du kannst auch großzügig sein mit Komplimenten, Hilfestellungen, Zuwendung, Küssen.

Was auch immer du zu geben hast, gebe es großzügig. Ich kenne keine Frau, die jemals einen Mann verlassen hätte, weil er ihr zu viel gegeben hat (ok, es sei denn sie fühlte sich nach einem „NEIN" bestalkt oder bekommt zum ersten Date ein Auto geschenkt – das dürfte sich selbst ausschließen).

Ich kenne jedoch viele Männer, die verlassen worden sind, weil sie ständig mit allem knauserig waren. Geiz macht nicht geil. Im Gegenteil.

Geld

Über Geld spricht man nicht. Merke dir diesen Satz dringend! Nichts bringt eine auflodernde Flamme so schnell zum Erlöschen wie Gespräche über Geld. Diese Gespräche werden nur bei Bedarf geführt.

Etwa, wenn es um Anschaffungen oder die Zusammenlegung eurer Haushalte geht. Bitte nicht mit Geld prahlen, wenn du welches hast und auch nicht über Geldmangel jammern, wenn du kein Geld hast.

Das ist wirklich gar nicht gut.

Auch nicht zwischendurch immer mal wieder durchklingen lassen, dass du ja unglaublich viele Steuern zahlst, weil du ja soviel verdienst.

Wenn du deine finanzielle Stabilität demonstrieren möchtest, dann lade sie in gute Restaurants ein, kleide dich gut, sei großzügig und alles ist gut.

Geschenke

Leider kann ein Mann beim Thema Geschenke sehr viel falsch machen.

Die gute Nachricht zuerst. Einer Frau kommt es meistens nicht auf das teuerste Geschenk an, sondern um die Gedanken, die du dir gemacht hast.

So kann eine Flasche Wein, die ihr beim ersten Date getrunken habt, zehn Euro kosten und eine Frau in Verzückung versetzen, wenn du sie ihr mit ein paar netten Worten in einer Karte zum Valentinstag schenkst.

Hör ihr zu und bleibe unbedingt in deinen Möglichkeiten.

Überschulde dich nicht um sie zu beeindrucken. Wenn es mit ihr nichts wird, sitzt du auf den Schulden, wenn es etwas wird, werden euch die Schulden bei anderen Anschaffungen stören.

Es ist wichtig, dass du für Frauen wichtige Feiertage auf keinen Fall vergisst oder übergehst.

Dazu zählt euer Kennenlerntag, der Hochzeitstag, Valentinstag, Weihnachten und besonders wichtig IHR Geburtstag.

Was soll man(n) denn nun schenken?

Es kommt immer ein bisschen auf die Zeit an, die eure Beziehung besteht. Ringe solltest du immer erst schenken, wenn sie DEN wichtigsten Ring von dir bekommen hat, den Verlobungsring.

Danach sind Ringe eine gute Wahl zu Jahrestagen und Hochzeitstagen.

Hat sie Geburtstag und ihr seid noch kein halbes Jahr zusammen, schenke keinen Schmuck. Am besten eignen sich, hier Karten für eine Veranstaltung oder Ähnliches. Seid ihr länger als ein halbes Jahr zusammen, gehen Armbänder, Ketten, Ohrringe und Uhren aber bitte nur Echtschmuck. Alles andere wirkt nicht. Dann wähle lieber etwas anderes.

Weihnachten unter einem halben Jahr Beziehung, sollte etwas Duftendes sein, vielleicht mit einem Spabesuch garniert oder Theaterkarten.

Bitte keine Haushaltsgeräte. Es sei denn, ihr seid schon sechs Jahre zusammen und sie wünscht sich dringend einen Thermomix aber auch dann finde ich Haushaltsgeräte als Geschenk nicht schön.

Bitte keine Dessous oder Unterwäsche schenken. Es ist zwar klug gedacht, aber Unterwäsche lässt dich in einem blöden Licht dastehen.

Solltest du jedoch ein heißes Wochenende planen, dann kannst du ihr außer der Reihe, etwas nach deinen Vorstellungen schenken. Dann kommt es ganz anders rüber.

Wenn du dich an die kleinen Geschenkregeln hältst, dich ein bisschen in sie hinein fühlst und dir merkst, dass eine Kleinigkeit besser ist, als gar keine Aufmerksamkeit, dann wirst du immer das richtige Geschenk finden.

Die Frage darf nie sein: „Was will ich investieren, um etwas zu erreichen oder zu präsentieren, sondern: Was würde ihr eine Freude machen und zeigt ihr mein momentanes Gefühl zu ihr.“

Dann liegst du goldrichtig.

Hilfsbereitschaft

Ich weiß, dass du als Mann grundsätzlich sehr hilfsbereit bist. Es macht Spaß, ein kleiner Held zu sein und das sollst du auch genießen.

Helfen ist eine gute Möglichkeit an eine Frau heranzukommen, die dich interessiert und eine ebenso gute Möglichkeit, Unsinn wieder gut zu machen.

Frauen lieben deine Hilfsbereitschaft. Damit darfst du großzügig sein. Biete deine Hilfe gerne und oft an. Hilfsbereitschaft ist neben dem Charme eine sehr effektive Männerwaffe. Setze sie ein! ☺

Ignoranz

Wenn sie dich ignoriert, hast du echt was verbockt. Dann möchte sie durch den Entzug ihrer Aufmerksamkeit, Aufmerksamkeit von dir. Klingt kompliziert? Nö, eigentlich nicht.

Wenn es also um dich herum ungewohnt still wird, dann solltest du nachdenken und sie ein bisschen beobachten. Meistens sind Frauen ja so nett und geben dir den ein oder anderen schnippischen Hinweis.

Was dann?

Das Gespräch suchen, wenn nötig auch drum betteln.

Bloß nicht: Muffelgesicht aufsetzen und bocken!!! Ich weiß, manchmal fällt es Männern schwer zu bemerken, dass sie ignoriert werden. So erging es einer Freundin. Sie zog gar aus und ihr Partner bemerkte es erst drei Tage später. Ok, es mag ein Extremfall sein aber er ist vorgekommen.

Ich traf meinen „Kollegen" Eckhard von Hirschhausen, beim Frühstück. Nach einer Veranstaltung waren wir zufällig im selben Hotel untergebracht. Nach einiger Zeit druckste er herum und sagte: „Darf ich dir mal etwas sagen?"

Als Kenner weiß er doch, dass man sich mit Kritik einer Frau nur vorsichtig nähert.

Ich erlaubte es ihm mit hochgezogener Augenbraue, die ihm signalisieren sollte: vorsichtig, wenn nötig den Versuch abbrechen.

Er verstand und legte los.

„Dein Vorschlag einen Mann zu ignorieren, um ihn zu strafen, ist kein Guter."

Ich atmete tief ein, er hielt meinem Blick stand und füge hinzu:

"Ein Mann empfindet Ignoranz nicht so sehr als Strafe, eher als Erholung."

Du lachst? Ich darf wohl sehr bitten!!

Ich ließ ihn in dem Glauben, er habe recht, schließlich ist er ein Komiker.

Du und ich, wir wissen es besser. Nach einer Weile kann ihre Ignoranz ganz schön schmerzen. An Erholung ist da nicht wirklich zu, denken.

Richtig unsexy ist es, wenn ein Mann eine Frau ignoriert. Meist steckt ja Feigheit und Konfliktvermeidung dahinter aber in einigen Fällen auch Bestrafung. Dumm nur, dass in unseren westlichen Gefilden Beziehungsmuster folgendermaßen gebildet wurden:

Der Junge bindet sich in seinen Prägephasen, emotional hauptsächlich an die Mutter. Sie hat sich gerne des Liebesentzugs bedient, als mögliches Erziehungswerkzeug. Deshalb funktioniert Ignoranz bei Männern.

Mädchen werden zwar auch von der Mutter erzogen, sind aber in den Prägephasen emotional eher auf den Vater fixiert.

Sie wird später mit einem Mann zusammenleben. Zumindest ist das der Fall, den wir hier besprechen. Das, worauf ein Mädchen ständig hinarbeitet, ist die Liebe des Vaters. Sie empfindet Zurückweisung und Ignoranz also nicht als Hinweis auf mögliche Fehler, sondern als tiefe Verletzung.

Damit möchte ich dir sagen: Ignoranz ist ein weibliches Instrument und eine männliche Waffe aber keine von denen, die du einsetzen solltest, denn wie eine Frau einen Mann entmannen kann mit einigen Sätzen, so kannst du eine Frau entlieben mit Ignoranz.

Sie wird dich im günstigsten Fall (unbewusst) als Weichei einstufen, welches Frauentaktiken versucht. In den meisten und bittersten Fällen aber wird sie zutiefst verletzt sein und das führt bei Frauen nun einmal dazu, dass sie die nächste Gelegenheit abwarten, um die Wunde zu heilen oder heilen zu lassen. Du verstehst?

Liebeserklärungen

Die magischen drei Worte. „Ich liebe dich".

Ich habe nie verstanden, warum das eigentlich so schwer ist. Eine Superwoman, also eine Frau, die meine Frauenwaffen beherzigt, wird dir keine Liebeserklärung machen. Das muss sie auch nicht, denn du bist der Mann. Du musst **ES** sagen.

Das gehört zu den Aufgaben eines Helden. Ich kenne in Sachen Liebeserklärungen, drei Arten von Männern.

Der überschwängliche Typ:

Er weiß nach fünf Dates und einer gemeinsamen Nacht, dass sie die Eine ist. Er ist sich sicher, ja jede Faser seines Körpers schreit, dass er sie über alles liebt, und zwar so, dass es schmerzt und dass er so etwas noch nie gefühlt hat (seit der letzten Bekanntschaft). Dieses Phänomen kann man beim überschwänglichen Typ etwa alle drei Monate entdecken, nämlich immer dann, wenn er grade wieder eine Frau kennengelernt hat.

Niedlich, jedoch nimmt keine normale Frau diese Art der Liebeserklärung ernst. Frauen wollen es zwar immer und ständig hören. Jedoch, diese Worte zu früh gesprochen killen jeden Reiz und Ansporn. Du bist gut beraten, dich etwas zu zügeln und eine Weile zu schweigen.

<u>Der, der es nie sagt:</u>

Er wurde enttäuscht. Wann immer er die drei magischen Worte gesprochen hat, wurde er fallen gelassen und danach ging alles in die Brüche. ER glaubt wirklich, dass es an den drei Worten liegt.

Hey Mann, Beziehungen gehen nun mal schief oder kommen nicht zustande, dies hat mit der Liebeserklärung nichts oder nur selten etwas zu tun. Eine Liebeserklärung kann nur dann nach hinten losgehen, wenn du es sagst, aber nicht danach handelst oder, wenn du es der falschen Frau sagst. Also bitte, nur Mut und versuche es zu gegebener Zeit einfach mutig noch einmal.

Der „Ich liebe Dich" in Phasen Sager:

Diese Männer lieben Tabellen und alles, was klar eingeordnet ist. Darum ordnen sie die Liebeserklärung nach Intensität.

Zunächst kommt das: „Ich mag dich".

Ja, für den Anfang ja schon ganz nett, meint er damit.

Du bist mir sympathisch, mit dir würde ich nicht nur ins Bett, sondern auch einen Kaffee trinken gehen. Das bedeutet es. Nicht mehr und auch nicht weniger.

Nächste Stufe: „Ich hab dich lieb". Ohooooo er ist verliebt. Das ist eine gute Sache und ich muss sagen, dass eine Frau das auch eine Weile als vorsichtige Liebeserklärung akzeptiert, dennoch ist es eine Form des nicht absolut festlegen Wollens oder Könnens. Macht aber nichts, soll er sich Zeit lassen.

Trommelwirbel, wenn er sich ganz sicher ist, dann kommt: „Ich liebe dich", über seine Lippen. Ja, es ist vollbracht. Er möchte sich fest binden.

Ich finde dieses in Phasen aufteilen eigentlich völlig ok. Solange er es für sich behält. Also nicht die Phasenerklärungen an sich, die haben schon viel Schönes an sich, sondern die Erklärung, warum er Abstufungen benutzt. Es kommt nämlich etwas freaky rüber, wenn man einer Frau erklärt, warum sie es leider noch nicht zum „Ich liebe Dich" geschafft hat.

Das kann man(n) nur bringen, wenn er Dieter Bohlen heißt.

Für Liebeserklärungen gilt: Finde die für
dich schönsten Worte, lass dir Zeit und dann
sage es auf die schönste Weise, die du
finden kannst. Es ist für eine Frau ein richtig
großes Erlebnis diese drei Worte aus
deinem Mund zu hören. Es ist dein
Geschenk an sie. Ein Geschenk gibt man,
weil man möchte, dass es jemand
bekommt. In dem Fall möchtest du, dass sie
es weiß. Was hinterher damit passiert, liegt
nicht in deiner Hand.

Melden

Du bist der Mann, du musst dich melden.
Ende. Da gibt's kein Diskutieren und keine
neuzeitlichen Anführungen. Du bist der
Jäger und Sammler also jage und sammle.

Du willst sie sprechen? Ruf an! Du willst sie
sehen, frag nach einem Treffen!!!

Sie sollte dich nicht anrufen und sie wird
dich nicht nach einem Treffen fragen, wenn
alles gut gelaufen ist.

Ich sage dir gleich: Frauen haben nicht erst durch mein Buch Regeln in ihrem Kopf, wann du dich wie zu melden hast.

Beim Melden gilt die Regel: Der beste Zeitpunkt ist immer jetzt. Es muss nicht immer gleich ein Liebesbrief sein. Es reicht eine kleine SMS wie:

„Hi, was machst du grade?"

Wenn sie dich doch anschreibt, dann antworte ihr. Wenn du wenig Zeit hast: kurz. Ich weiß, dass es für dich als Mann schwierig ist, dich immer hinzusetzen und zu überlegen, was du nun schreiben sollst. Mach dich locker, jede Floskel ist besser als nichts. Solange es sich nicht **nur** auf Floskeln beläuft.

Sehr wichtig eine Nachricht innerhalb von 24 Stunden, sollte mindestens drin sein. Ausnahmen: Geiselnahme oder Koma.

Nach dem ersten Sex **musst** du dich melden, und zwar am besten so schnell wie möglich.

Es gibt kaum ein Thema, bei dem eine Frau so wenig erbarmen kennt, wie bei den Meldungen.

Also noch mal: Du bist der Mann – du musst dich melden. Ende!

Nein

Sie sagt „Nein" wenn sie „Ja" meint?

Nein, das stimmt nicht.

Woher kommt diese Annahme?

Ich kenne das Gegenteilspiel aus der Fernsehserie Spongebob.

Aus der Beziehungswelt kenne ich immer nur „Ja" oder „Nein".

Ich habe lange über diese Gegenteilsache nachgedacht und komme zu dem Schluss:

Ja, wir Frauen setzen unsere „Ja" und „Neins" ein. „Nein", sagen wir trotzdem

immer, wenn wir „Nein" meinen, allerdings
gehört oft etwas **zu** dem Wort „Nein."

„Nein, so nicht" oder: „nein, noch nicht".

„Nein", meint aber immer, „Nein." Niemals
„Ja".

Manchmal sagen wir Frauen „Ja" und
meinen es nicht aus vollem Herzen. Sowie:
„Ja, geh ruhig mit den Kumpels zum
Fußball", obwohl es unser einziges freies
Wochenende ist. Dann sagen wir „Ja" und
meinen auch „Ja" aber eher im Sinne von:
„Ja, wenn du meinst, mach nur, du wirst
sehen, was du davon hast."

Es ist also gar nicht so schwer mit dem „Ja"
und „Nein".

Positiv denken

Es versteht sich von selbst, dass ich als Pink-
Thinkerin die ich nun mal bin, auch etwas
zum Thema positives Denken schreiben
muss. Tatsächlich macht es immer Sinn

positiv zu denken, denn Lebensfreude und eine positive Lebenseinstellung wirken wie ein Magnet auf Frauen wie Männer. Wer positiv denkt, der ist fast immer gut drauf, der nimmt das Leben, wie es kommt, der hat eine gewisse Gelassenheit, die auf andere Menschen wirkt.

Positiv denken ist der Ursprung von allem.

Qualität und Quantität

Ok, ich habe männliche Klienten und ok, sie fragen mich auch Dinge wie:

"Glaubst du, mein … ist nicht zu klein?" Ich finde es eigentlich ganz anrührend, dass Männer sich auch solche Gedanken machen. Frauen denken ständig über so was nach. Ist mein Bauch nicht zu groß? Mein Busen zu klein?

Ich finde es sympathisch, dass Männer das auch tun. Und wahrscheinlich findet sie ihn nicht zu klein, da es nicht auf die Quantität, sondern auf die Qualität ankommt.

Es wird wohl so ähnlich sein, wie bei einer Frau mit großem Busen. Ist für manche schön anzusehen, rein technisch tut es aber nichts zur Sache. Tatsächlich ist eine immense Größe weder ein Qualitätsgarant, noch finden das Frauen immer und ausschließlich toll.

Tendenziell habe ich öfter Beschwerden von Frauen, wegen zu viel Größe und seltener wegen zu wenig Größe gehört. Also bitte, er wird gut so sein, wie er ist.

Sex ist kein Leistungssport

Für Frauen geht es nicht darum, wer besser, schneller, härter, größer oder länger kann. Für Frauen geht es bei Sex darum, wie du ihre Weiblichkeit feierst. Leidenschaftlich ok, das macht Spaß, manche Frauen mögen es wild, das ist super aber bitte kein verkrampftes und verbissenes Arbeiten um das bestmögliche Ergebnis zu erzielen. Bitte! Es ist ein Spiel, man kann dabei lachen, ausprobieren und sich entspannt gemeinsam feiern. Die schlimmste Vorstellung haben Frauen, mit denen ich gesprochen habe, von Männern, die alle fünf Minuten die Stellung wechseln wollen. Ich nenne so etwas: blinden Aktionismus. Blind deshalb, weil ein Mann mit Sicherheit nicht komplett bei den Empfindungen ist, weder bei seinen noch bei ihren. Er ist im Kopf damit befasst, sich die nächste Choreographie auszudenken.

Folge einfach der Stimmung und lass dich auf den Moment ein und es wird super werden.

Treue – sie bleibt dir treu, wenn du dich an die Männerwaffen hältst und sie nicht grade jahrelang ohne Sex sitzen lässt. Bleibe der Supertyp, der du bist, sei engagiert und interessiert und vor allem galant wie eh und je.

Warmhalteplatte

Eine Traumfrau lässt sich nicht auf die Warmhalteplatte setzen. Zwar hat auch eine Superwoman durchaus manchmal das Bedürfnis einem bestimmten Mann zu „gehören" aber sie würde es nie zugeben. Sie handelt weiter nach den Frauenwaffen, amüsiert sich und lebt ihr Leben. So kann es dann auch schon mal passieren, dass ein vermeintlicher Traumprinz, der sich aus welchen Gründen auch immer nicht binden oder festlegen wollte, auf einmal ohne Option auf die Traumfrau dasteht, weil sie inzwischen einen entscheidungsfreudigeren Mann getroffen hat. Setze niemals eine Frau die dir wirklich gut gefällt auf die Warmhalteplatte aus Angst eine Entscheidung zu treffen oder falsch empfundener Freiheitsliebe.

Zeit

Zeit ist das Wertvollste, was du einem Menschen schenken kannst. Somit ist Zeit und Aufmerksamkeit auch das Wertvollste, was du einer Frau schenken kannst. Wahrscheinlich bist du wie die meisten von uns vielbeschäftigt, hast viele Termine und viel zu tun. Doch du wirst sehen, wie viel du einer Frau damit gibst, wenn du dir einfach mal Zeit für sie nimmst. Einfach mal einen anderen Termin für sie sausen lässt. Nicht oft, nur manchmal, denn schließlich ist ein vielbeschäftigter Mann immer sehr interessant.

Auf Wiedersehen

So, mein lieber Mann, das war es auch schon. Und hat es wehgetan? Wenn du einiges beherzigst, wirst du es leichter haben. Wenn du alles beherzigst, wirst du eine großartige Beziehung mit einer tollen Frau führen! ☺

Ich wünsche dir hier am Ende des Buches nun alles Liebe und Gute auf deinem Weg zum Supertyp, der du wahrscheinlich eh schon bist.

Ein Slogan auf meiner Visitenkarte heißt. Jeder Frosch kann ein Traumprinz sein und das meine ich genauso, wie ich es sage. Jeder Mann (ich glaube nämlich eigentlich nicht, dass die richtig fiesen Frösche sich dieses Buch gekauft haben) kann ein Traumprinz sein. Ich bin überzeugt, du bist einer, also her damit. Die Frauenwelt braucht dich. Wir brauchen jeden Einzelnen. Was glaubst du, wie viele Frösche da draußen umherhüpfen.

Sehr oft fahre ich nachts von Partys und Veranstaltungen nach Hause und denke: „Zum Glück musst du von den Fröschen keinen mit nach Hause nehmen. Denn zuhause wartet seit vielen Jahren mein Traumprinz. Ich kuschele mich dann in seine Arme und denke: "Schatz, ich liebe dich. Auch wenn du manchmal ein Muffelsack bist."

Oh, falls du dieses Buch geschenkt bekommen hast, sei dankbar. Wenn du dieses Buch von einer Frau geschenkt bekommen hast, umarme die Welt. Lese nach, was sie dir sagen möchte - was sie sich von dir wünschen könnte.

Danke

Am Ende möchte ich mich bedanken und allen voran möchte ich heute allen Männern in meinem Leben danken.

Da staunt ihr, was? Das hättet ihr nicht gedacht oder? Ja. Ich habe davon einige.

Also ihr lieben Männer in meinem Leben:

(Ich habe die Männer danach geordnet, wie ich sie kennenlernte.)

Ich danke meinem Vater, der ein großartiger Vater und ich glaube, ein noch besserer Ehemann ist. Danke, dass du immer da bist, an mich geglaubt hast und noch glaubst und immer noch stolz bist, dass wir den gleichen Nachnamen tragen. Wann war dir eigentlich klar, dass aus mir nichts „Normales" mehr wird?

Meinem Großvater, der mir beigebracht hat, dass ich alles erreichen kann, wenn ich an mich glaube und an mir arbeite. Ich weiß, du sitzt nicht immer nur auf einer Wolke, sondern bist oft irgendwie da.

Ich danke meinem Bruder, der mich erinnert hat, heute mehr denn je, wild und anders zu sein. Zu tun, was immer mir in den Sinn kommt, um es dann zu verwerfen und etwas anderes zu tun. Ich weiß, auch du bist oft irgendwie bei mir und machst mich mutig, wenn du nicht grad auf deiner Wolke chillst.

Meinem Exmann und den vielen Fröschen, die ich kennenlernte, musste, damit ich meinen Traumprinz auch erkennen konnte:

Ich danke meinen Söhnen Robin und Phillip. Ihr bereichert mein Leben sehr und seid echte Traumprinzen. Ihr habt nur die besten Frauen verdient und die können sich freuen, euch zu bekommen. Ich liebe euch und bin unsagbar stolz auf euch. Ach ja, danke, dass ihr gewisse TV-Auftritte nicht groß kommentiert.

René, ich danke dir dafür, an meiner Seite zu sein. Danke, dass du mir den Rücken frei hältst, mit mir feierst, mit mir weinst und mir sagst, dass alle die was Blödes zu mir sagen echt blöd sind.

Über die Autorin

Michaela Röder, geb. 1974, arbeitet seit 1999 mit großer Freude als Lebens- und Liebesberaterin und Mental-Motivationstrainerin.

Inzwischen hat die Anzahl ihrer durchgeführten Beratungen, die beachtliche Zahl von 22.000 Beratungen erreicht.

Michaela Röder, die aus Fröschen Traumprinzen macht, ist seit 2007 auch als Autorin erfolgreich. Inzwischen sind sieben Bücher der Autorin veröffentlicht und teilweise auch weltweit erhältlich.

Sie ist seit vielen Jahren glücklich verheiratet und lebt mit zwei erwachsenen Söhnen und einer Tochter in Neuss bei Düsseldorf.

Auf die Frage was sie in ihrer Freizeit macht, antwortet sie: „Ich tummele mich gerne im Leben, am Meer und mit meinen Freunden und meiner Familie herum. Ich lache gerne und tanze viel, besonders, wenn es mal schwierig wird. In den nächsten Jahren möchte ich gerne viel reisen.“

Folgende Bücher sind, teilweise auch als E-Book, im Buchhandel erhältlich:

2007 Das Pink-Thinker Buch – Werde Besser-Denker und finde dein Glück.

2007 Dich lieben, achten und ehren – Wundervolle Eheversprechen

2008 Karlotta die Schulfee – Ein Mitmachratgeber für Schulneulinge

2009 Das Pink-Thinker Denke Dran Buch – Wie ein positiver Gedanke am Tag, dein Leben verändern kann

2011 Frauenwaffen von A bis Z – Wie man Frösche in Traumprinzen verwandelt

2012 Ja, ich will! Vielleicht ein anderes Mal … viel Anläufe und eine Hochzeit

2013 Männerwaffen von A bis Z – Wie du vom Frosch zum Traumprinzen wirst

Kontakt zu Michaela Röder:

info@michaela-roeder.de

www.michaela-roeder.de